本居宣長の思想構造

その変質の諸相

水野雄司

東北大学出版会

The thought structure of Motoori Norinaga:

Various aspects of the alteration

Mizuno Yuji

Tohoku University Press, Sendai

ISBN978-4-86163-252-5

本書は「第 8 回東北大学出版会若手研究者出版助成」（2011 年）の
制度によって刊行されたものです。

序文

問題の所在

本書は、本居宣長の思想を論じるものである。宣長が自身の研究の深化によって当面することとなった課題に対して、いかに思想を変化して対応していったのかという点を焦点としている。その目的は、宣長の変質における諸相の検討を通して、通時的なひとつの全体像を構築することにある。

宣長を一人の思想家として、その思想の中核を取り出すことは、実は今困難になっている。そこには一見真逆にも思われる次の二つの理由があると思われる。第一は、宣長を日本思想史という大きな流れに組み込むことによる問題であり、第二は、宣長を専門化された研究分野によって細分化することによる問題である。以下、その詳細を知るために、まずは宣長の研究の歴史を概観してみたい。

日本思想史において、宣長はどのような役割を担っているのか。宣長研究は、「日本思想」の展開のなかで、宣長がどこに位置づけられるかという視点からはじまっている。そこでは、宣長の思想は、いかなるカテゴリーに所属しているかが問題とされ、したがって、その文脈で使われるのは、思想・学説・芸術理論などにおける一定の立場（「―学」等）や、特定の原理に基づく社会体制・制度などを示す言葉（「―主義」等）であった。

宣長学に対する攻撃は、概ね思想的もしくは哲学的方面からのそれで、一つには、宣長の徹底的日本主義、絶対的尊王主義、而してそれに伴う極端な反支那主義、排儒主義に対して、或は世界主義的、或は民主主義的主張を為して、聖賢の尊ぶべきこと、我国が、支那の文化に負ふところ多いことを力説した。二つには、宣長の実証主義経験主義、また信仰主義に反対して、主理主義又窮理主義を説き、本居が、一切の推理を斥け、無用視して、古事記の伝説を信仰するの不合理なることを説いた。三つには、宣長の自然主義をば、老荘の亜流として斥けて、道徳的文化主義を主張した。而して四つには、斯の如き立場の自然の結果として、本居の古事記主義に反対して、古事記に北して、記述の形式も内容も整った正史日本紀を、主んじたものであった。(1)　※傍点は村岡典嗣

宣長研究の濫觴《らんしょう》とされる村岡典嗣の『本居宣長』からの引用である。村岡が宣長の研究姿勢を「文献学(2)」の「変態」としたのは周知であるが、ここでは儒者である市川多門との対比において、「宣長学」は、「徹底的日本主義」「絶対的尊王主義」「反支那主義」「排儒主義」「実証主義」「経験主義」「信仰主義」「自然主義」「古事記主義」といった言葉に属するものとされている。

その後、伊藤多三郎『国学の史的考察(3)』、羽仁五郎『日本における近代思想の前提(4)』から、戦後の丸山眞男『日本政治思想史研究(5)』と西郷信綱『国学の批判(6)』、それらに抗する松本三之介『国学政治思想の研究(7)』など、そこに思想史的、社会史的、政治思想史的と手法の違いはあれども、いずれも、「儒学から国学へ」という流れのなかで、いかに封建からの脱却と近代意識の成長をみいだすかというところで宣長は語られて

いる。つまり、宣長を考察することは、常に国学を思想史的に明らかにすることとほぼ同義と捉えられ、国学の学問としての性格、思想としての特質理解が、そのまま宣長の特徴となった。

このようなある所定の筋書きにそって宣長を規定しようとする問題史的アプローチにおいては、宣長の言葉は特定の問題意識からつまみ食い的に用いられるにとどまり、その思想そのものが全体として、あるいは内在的に論じられることはなかった。思想史や国学といった枠組みから、ある種演繹的に捉えようとする方法では、本当の宣長の内面を把握することは困難である。それを証するように、丸山や松本の研究において、『古事記伝』や『源氏物語』が正面から取り上げられたことはない。つまり日本思想史という総体の理解を目指すことで、宣長一人の思想家としての理解が希薄になっているのである。これが第一の問題である。

もちろんこうした課題には、そもそもの史料が不足していたという背景もある。筑摩書房版の全集が、大久保正・大野晋の編集によって刊行され始めたのは昭和四三（一九六八）年五月であり、全二〇巻・別巻三のすべてが出揃うのは平成五（一九九三）年九月である。この宣長のテキストの充実は、そのまま宣長研究の拡充に繋がり、たとえば芳賀登『本居宣長』(8)や田原嗣郎『本居宣長』(9)、野崎守英『本居宣長の世界』(10)など、その題名からも推測できるように、宣長そのものに焦点を絞った多くの豊かな研究が生まれた。しかし並行して、第二の問題も登場する。

そもそも一口に宣長学と言っても、現在の学問分野からすると国文学・国語学・思想史学・倫理学・歴史学・地理学・民俗学・神道学など多岐にわたり、そういった各研究分野からの個別課題に対する考察が主流となる。その傾向は現在まで続き、それぞれの論考は高い意義を持つが、そうしたジャンルの細分化による専門化が進めば進むほど、宣長という人物の全貌の把握は困難になっていく。つまり深化した個別の内在的理解が、総体への統合を困難にしているのである。

宣長の全体像を描くにおいて、これら二つの課題を前に、思想史家は原点に立ち戻るべきである。[11] 原点に立ち戻るとは、宣長のテキストそのものに耳を傾けることにある。そのためには、分析に使われる概念、たとえば日本思想史という枠組みから付けられた批評語や、研究者自身が所属する学問分野という名前をいったん脇に置く必要がある。

ありのままの宣長の言葉に向き合うことで、本当に宣長が述べたかったこと、その長い学究生活で目指した目的が顕わになってくる。現在の視点からは各専門に分類される内容も、宣長にとってはひとつの目的の追求による所産なのであり、その目的が、多種のアプローチを生んだにすぎない。歌も古道も、ある到達点のために採られた手法のひとつとすることで、同じ地平で考察することが可能になるのである。

ではその宣長の「ひとつの目的」とは何だったのか。本書では、各時期の宣長の思想の変質を明らかにすることで、それをみいだすことを意図しているが、ここでは吉川幸次郎『本居宣長』[12]のなかの、次の一文を提示することで、ひとつのよすがとしたい。

彼〔本居宣長〕の学問論の根底には学問とは人間の義務であり、人間の生き方の総合的な認識であるとする思考がある。[13]

宣長は、「人間の生き方の総合的な認識」を得るために「人間」は「学問」すべきであると考えていた、と吉川は述べる。これは宣長学総体の理解としては極めて明解である。「国学」としての性質を担う歌や古道は、この目的を達するためのひとつの学問対象に過ぎない。宣長は、人はどのように生きるべきかを考え続けた。そしてその関心は、人の生きる世界の成り立ちと、その世界と人との関わり方へと向かう。

本書では、この「人間の生き方の総合的な認識」を、宣長の言葉である「人の心」と置き換えて考えていきたい。つまり宣長は、その五十年以上にもわたる学究生活において、あるべき「人の心」とは何なのか、その「心」を手に入れるために、何を、どのように学べばよいのかを考え続けたということである。そして各時期において、その学ぶ対象を、『万葉集』・『新古今和歌集』・『源氏物語』・『日本書紀』・『古事記』といった文献の中にみいだしながら、時に揺れ動き、場合によっては思想そのものを変化させていった。

その変わり行く諸相を明確にすることで、理想の心を目指したひとつの通時的な宣長の全体像を構築していきたい。

本書の構成

本書の目的は、宣長自身の研究の深化に伴う思想構造の変質を検討することである。それにともなって第一章から四章まで、宣長の人生に沿って時系列に構成している。つまり、章がすすむごとに、そこで中心として考察されているテキストは、宣長が若い頃に書いたものから、徐々に晩年のものへと移っていくことになる。

それぞれ中心になるのは、第一章では、宣長が三〇歳前半に著した二冊の歌論書、第二章は、四二歳で脱稿され、五〇代になってから修正された古道論、第三章では、六〇代後半の源氏物語論、第四章では、六九歳の日本書紀研究書である。

そして細かな変化をすくいとるために、各章では、同じ題材を対象とした二つの作品を中心に取り上げている。第一章の『排蘆小舟』と『石上私淑言』、第二章の『直霊』と「直毘霊」、第三章の『紫文要領』と『源氏物語玉の小櫛』は、それぞれ後者は前者の改稿である。その時間的隔たりは、数年から数十年まで開きがあるが、あくまで改訂であるため、そこに書かれている内容は、基本的に同一のものと捉えられている。しかしそこには思想の深化がみてとれるというのが本書の立場である。第四章の「書紀の論ひ」に対する『神代紀髻華山陰』は、どちらも『日本書紀』を対象にした文章であり、書紀観の移ろいを見て取ることができる。

また、それぞれの章のはじめには、そこで扱う主要な作品が書かれた前後の宣長の略歴を「宣長の歩み」としてまとめ、その背景を概観できるようにしている。分析対象としてのテキストに臨む前に、それらは、二〇〇年以上前に確かに生きていた人の手によるものということを読者に意識してもらいたいと思うからである。

本居宣長は、歴史上の偉人として、最初から完成した人と捉えられがちである。思想上でも明確な変化・転向がみられず、実際の生活においても、京都遊学から帰郷し、医業に従事してからは、毎日決まった時間割で生活し、数度の旅行のほかは、ほとんど松坂から出ることがなかったことも影響しているだろう。

しかし宣長が著作に込めた思想は、はじめから確固たるものとして存在していたわけではない。狭い書斎においても、自らが生を受けた広い世界に臨み、それを懸命に認識しようとしたその思想的営為にほかならない。そこには、常にその時点の自分の思想を反省し、これを乗り越えようと、言葉を積み重ねていった跡がある。そうした変化の過程を本書で感じ取ってもらいたい。

各章の内容

以上のような問題意識、構成から、本書は四章により成り立っている。以下、各章の内容を紹介して序文の締めくくりとしたい。

第一章では、『排蘆小船《あしわけおぶね》』・『紫文要領《しぶんようりょう》』・『石上私淑言《いそのかみさされごと》』で使われている「物の心」「事の心」という語彙に注目して、本居宣長の歌論から古道論への思想推移の一端を明らかにする。宣長の「物の心」は、「物のあはれ」論を展開するために使われた言葉である。基本的に、宣長以前において、「物の心」とは、子供から大人への階梯において身につける豊かな感受性を意味していた。しかし宣長は、知識の獲得（「物の心」）と、感受性の発露（「物のあはれ」）を、はっきりと分けて考えた。「物の心」を中心に「物のあはれ」を構築するということは、前段階の知識としての性格が強くなることを意味している。宣長は、なぜ「物の心」なる言葉を使ったのか。それは最終的に、国の歴史や文化という「事の心」へとつなげるためと考えられる。私たちが喜怒哀楽を感じるには、知識としての「事の心」が必要であり、その前提として〝我が国〟を設定する。よりよい心を得るために、国を知る、つまり古道研究へとつながっていくのである。

第二章では、「直霊《なほびのみたま》」から「直毘霊《なほびのみたま》」への改稿に着目して、その思想の変化を明らかにする。「直霊」では、かつて偉大なる価値の源泉を置き、そこからの繋がりにおいて現在を肯定していた。人は歴史的文献を学ぶことで、かつて存在していたあるべき心を獲得することができると宣長は考えていた。それが「直毘霊」への改稿の段階では、学ぶことの限界が強調される。人は神のことを理解することはできない。それは、荒唐無稽ともいえる神話を、現実にあったこととは捉えることができない私たちの限界である。「直霊」から「直毘霊」への改訂作業とは、人の智の限界を強調し、通常流布されていた倫理観を根底から疑うものであった。何が善で、何が悪なのか。何が正しく、何が真実なのかも、判断することができないのが人という存在とされた。ほぼ同様のことが、第三章で扱う、『紫文要領』と『源氏物語玉の小櫛《おぐし》』における、「物のあはれ」の変化にもあてはまる。第一章で検証するように、『紫文要領』における宣長の「物のあはれ」論は、「物の心」によって構成されていた。しかし、『源氏物語玉の小櫛』では、「物の心」という言葉は、基本的には使われていない。そこにも、やはり人の知性に対する懐疑があった。ありのままに動く心を「物のあはれ」とするために、知識としての「物の心」は否定されるに至ったのである。

ただしこれらの変化は、宣長が、世の中をシニカルな視線でみるようになったからではない。古事記研究をとおして、自分が生きる国への絶対的な信頼が確立し、この国に生まれた人間を無条件で肯定できるようになったことによる結果と考えられるのである。

第四章では、『神代《じんだい》紀《き》髻《うず》華山陰《のかげやま》』を中心に、宣長が「日本書紀本文」についてどのような研究を行ったのかという実態を明らかにする。そこで展開する批判的批評を【衍文】【脱文】【改書】【誤写】【誤釈】【違伝】という項目に分け、実際に『日本書紀』に対して批判されている内容を検討する。結果として、一般的に考えられているような宣長の「『日本書紀』本文」批判というのは、漢文表記に向けられているものではなく、『日本書紀』に関わる人への批判であったことが明らかになる。

註

（1）村岡典嗣『本居宣長』岩波書店、一九二八年、五三三―五三四頁
（2）近世国学と「文献学」との本質の類似を最初に言及したのは、芳賀矢一（『国学史概論』国語伝習所、一九〇〇年、「国学とは何ぞや」（一）（二）、『國學院雜誌』第一〇巻第一号〜第二号、一九〇四年）、上田萬年（『国語のため』冨山房、一八九五年）、藤岡作太郎（『国学史』大倉書店、一九一一年）らである。このドイツ文献学と国学の近似性を引き継いだのが村岡典嗣であったが、その後「国学の宣明は国学の第一要義」とする山田孝雄によって批判的に継承されることになる（『国学の本義』畝傍書房、一九四二年）。なお、こうした経緯については畑中健次「国学と文献学」（『日本思想史学』第三〇号、一九九八年）、「山田孝雄と文献学」（『季刊日本思想史』七四、二〇〇九年）を参照。
（3）伊藤多三郎『国学の史的考察』大岡山書店、一九三二年、「国学史研究の動向」『史学雑誌』第五九編第一〇号、一九五〇年
（4）羽仁五郎『日本における近代思想の前提』岩波書店、一九四九年。とくに宣長論に関しては「国学の誕生」（初出は『短歌研究』改造社、一九三六年四月春期特集号）、「国学の限界」（初出は『思想』岩波書店、一九三六年六月号）
（5）丸山眞男『日本政治思想史研究』東京大学出版会、一九五二年
（6）西郷信綱『国学の批判―封建イデオローグの世界―』青山書院、一九四八年。新版『国学の批判―方法に関する覚えがき―』未來社、一九六五年
（7）松本三之介『国学政治思想の研究』有斐閣、一九五七年。新版、未來社、一九七二年
（8）芳賀登『本居宣長』清水書院、一九七二年
（9）田原嗣郎『本居宣長』講談社、一九六八年。改訂版、一九七八年
（10）野崎守英『本居宣長の世界』塙書房、一九七二年
（11）この姿勢は、国学を「日常性の解釈学」とする清水正之の論考に多く示唆を受けている。「国学研究は日本思想史研究の中でも中核的でかつ特異な位置を占める。戦前もそうであったが、とくに戦後は、過去の日本の遺制として日本的なものの典型とみ

なされ、そのためもあり、批判的な観点から扱われるべき主要対象とみなされてきた。国学批判は、ナショナリズム批判の思想的拠点であると見なされ、戦前戦中の日本の批判的検討の足がかりという意味を担ってきた。とくに九〇年代の国学批判は、脱構築、あるいは国民国家批判というあらたな視点を加え、一層先鋭になされたといえよう。……国民国家批判というその視点が拡張され、歴史的国学と、現代の視点からの国学的なものとの区別が明確でなくなるという側面があったのではないか。」（『国学の他者像』ぺりかん社、二〇〇五年、二頁）

また星山京子も、この清水の論考を受けて「国民国家批判という観点から国学の内包する『政治性』にばかり目を奪われてしまうと、国学思想の本質が隠蔽される危険性すらあることを警告」しているとする（「近年の国学研究」『日本思想史学』第三九号、二〇〇七年、四二頁）

日本思想史全体の構築を目指す議論が、宣長の本質的な理解を妨げていると考え、言論空間の宣長ではなく、歴史的存在としての宣長の思想を、改めて捉え直す必要があるというのが本書の立場である。

（12）吉川幸次郎『本居宣長』筑摩書房、一九七七年

（13）前同、九頁

凡例

・本居宣長の著作は、基本的に『本居宣長全集』（全二〇巻、別巻三、筑摩書房、一九六八―一九九三年、以下『全集』と表記）に拠っている。表記にあたって、書名、全集巻数、頁数の順で註に記載する。ただし章内で既出の書に関しては、書名、頁数のみを記す。

・漢字は通行の字体に直し、カタカナ表記は、ひらがな表記に、また読者に便のあるよう、適宜、句読点の表記を改めたところがある。

・傍線、傍点はことわりない限り、引用者によるものである。

・〔 〕は著者の補註、省略部分は「……」で示した。

【目次】

第一章　「物の心」と「事の心」
――「排蘆小船」から「石上私淑言」へ

恵勝大姉〈お勝〉、道樹君〈定利〉の、かの願たておき給ひしことをおぼして、七月に吉野の水分《ミクマリ》の神社にもうでしめ給ふ……事なくかへりぬれば、恵勝大姉涙おとしてぞよろこび給ひける(1)

宣長の歩み（一）

本居宣長は、享保一五（一七三〇）年五月七日、伊勢国飯高郡松坂本町（三重県松阪市）に生まれる。父・小津三四右衛門定利は木綿問屋を営む商人であったが、宣長が一一歳のときに、江戸店で病死してしまう。この一一歳というのは、ひとつの意味をもっている。というのも、妻、お勝との子供がほしかった定利は、子を授けることで評判の高い吉野水分神社に赴き、「もし男の子が生まれたならば、その子が一三歳になったときに、一緒にお礼のお参りにまいります」といって祈願していたからである。水分神社の神様がその願いを聞き届けたのか、ほどなく宣長は生まれるが、この参詣の約束を果たす前に定利は亡くなってしまう。

しかし、宣長はこの約束を果たすのである。

宣長は母から自分の出生における水分神社について、ていねいに言い聞かされてきたのだろう。寛保二（一七四四）年、まさに一三歳のときに、茂八、宗兵衛というふたりの従者をひきつれて、父の宿願をとげる。無事に帰ってきた息子を、お勝は喜びに頬を濡らしながら迎えるのだが、それが最初に挙げた文となる。この一連のエピソードは、自分は神の意志によって世に生を受けたということを、宣長に強く印象づけることになった。

翌年、宣長は父の跡目として商家を継ぐべく、元服後の延享二（一七四五）年四月から、叔父小津源四郎躬充《ちかみつ》の江戸店での徒弟奉公に出かける。しかしながら、わずか一年足らずで松坂に戻っている。また寛永元（一七四八）年一九歳のときには、伊勢の紙商今井田氏の養子となり、翌年には新規の紙店で実際に商売を始める。だがこちらも、寛永三（一七五〇）年の暮れには、再び実家に帰ってくる。どちらもほとんど記録が残されていないので、詳しいことはわからない。ただし、母親の言葉として、

> 跡つぐ弥四郎〔宣長〕、あきなひのすぢにはうとくて、たゞ書をよむことをのみこのめば、今より後、商人となるとも、事ゆかじ(2)

とあり、幼いころから知的好奇心が強く、とくに読書への傾倒が人一倍強かった宣長にとって、最後まで商売への関心を持つことができなかったことがうかがえる。それを見抜いた母の配慮によって、宣長は宝暦

二（一七五二）年、二三歳の時に、医者になるために上京するのである。

先ず漢方医学の基礎である漢学を学ぶために、儒学者である堀景山〈元禄元（一六八八）―宝暦七（一七五七）年〉のもとに寄宿し、彼の塾に入る。五経や論語などをテキストとし、素読や会読、講義といった形式でその内容を深めていった。

景山は、代々広島藩浅野候に仕える儒官であったが、京都在住のまま、随時、広島、あるいは江戸藩邸に赴いて講義を行なっていた。なお、『玉勝間』の「おのが物まなびの有しやう」には次のようなエピソードがある。

> さて京に在しほどに、百人一首の改観抄を、人にかりて見て、はじめて契沖といひし人の説をしり、そのよにすぐれたるほどをもしりて、此人のあらはしたる物、余材抄勢語臆断などをはじめ、其外もつぎ〳〵に、もとめ出て見けるほどに、すべて歌まなびのすぢの、よきあしきけぢめをも、やう〳〵にわきまへさとりつ(3)

「人にかりて見て」の「人」とは景山のことだと考えられる。おそらく宣長が歌に対して非常に関心を持っていることを知り、契沖の書を貸し与えたのだろう。このように景山は、単に儒学だけでなく、後々の宣長学を構成するにあたって、若き宣長におおきな影響を与えたのである。

二年後には医者である武川幸順《たけかわこうじゅん》〈享保一〇（一七二五）―安永九（一七八〇）年〉宅に移り、本格的な医学の習得も開始する。ただし、ここでも漢学は続けられ、また作歌も含む歌学への傾倒も変わらない。

僕の和歌を好むは、性也。又た癖也[4]

漢学、医学の習得は怠らず努めていたものの、常にその根底には和歌への興味がながれていた。こうして郷里を離れた場所での約五年半という学究生活は、充実したまま終わりをむかえる。

宝暦七（一七五七）年の一〇月六日、二八歳で松坂に帰った宣長は、すぐに医者として開業し、生涯にわたっての生業とする。また地元の歌会に入会し、仲間とともに作歌・批評をし合うことで歌学を深め、あわせて自宅の一室にて『源氏物語』や『伊勢物語』の講釈も開始する。

その後、宝暦一三（一七六三）年五月二五日に賀茂真淵と会うことが、宣長にとってひとつの転機となるのだが、この第一章では、帰郷後から、古事記研究に本格的に取り組むあいだに書かれた二冊の歌論書『排《あし》蘆《わけ》小舟《おぶね》』と『石上私淑言《いそのかみささめごと》』、そして源氏物語論である『紫文要領《しぶんようりょう》』を中心にみることで、出発としての宣長の思想を考察していきたい[5]。

はじめに

『石上私淑言』とは、本居宣長が宝暦一三年に書いたとされる未定稿の歌論書である。その数年前に成稿した『排蘆小舟』の全六六項を、論旨ごとに整理し、巻一は二六項、巻二は五〇項、巻三は二六項（未完）にわたって、拡充し詳述した内容になっている。

二書は、比較的近い時期に改訂というかたちで引き継がれたため、その内容は基本的に同じである。ただし違いとして、『石上私淑言』では「物のあはれ」に言及していることがあげられる。宣長は、同じ宝暦一三年に、『源氏物語』を論じた『紫文要領』を執筆しており、このなかで物語論として展開した「物の哀」を、そのまま歌論に導入して書いたのが『石上私淑言』といえる。

この「物のあはれ」を軸にした『排蘆小船』と『石上私淑言』の差異やその特徴については、すでに多くの先行研究で検証されている。とくに高橋俊和による「石上私淑言草稿」（本居宣長記念館所蔵）の検討によって、執筆前に綿密な構成の準備があったこと、そして、省かれたと思われていた『排蘆小舟』の項目（古今伝授・禁制・和歌史論等）も、もともとの構想上には存在していたことが推察可能となった[6]。高橋は、次のように述べている。

『石上私淑言』が私有自楽の風雅に立脚した『排蘆小舟』と「物のあはれ」を説いた『紫文要領』をもとに、儒仏の教戒説を徹底的に批判し、神の道と結びついた本来の和歌のあり方を実証的に示そうと試みた未完の作品である[7]

ただし「物のあはれ」以外にも、『排蘆小船』では使われることはなかったにもかかわらず、『紫文要領』と『石上私淑言』で重要な役割を果たしている言葉がある。

それが「物の心」と「事の心」である。

『紫文要領』のなかで「物の哀」を説明するために登場するこのふたつの言葉は、宣長が構築する物語論・歌論における、大きな特長のひとつといえる。また『石上私淑言』を未完で筆を置き、古事記研究へと向かう階梯を示す重要な言葉ともなっていると考えられる。しかし、宣長の思想をみるにあたって、「物の心」と「事の心」を中心に論じたものは管見では見当たらない(8)。

以上のことから、本章では、「物の心」・「事の心」という語彙に注目して、その語義を検証することで、『排蘆小船』・『紫文要領』・『石上私淑言』を経て、古道論へと向かう宣長の思想推移を明らかにすることを議論の目的とする。

第一節　古典のなかの「物の心」

先ず、「物の心」についてみていきたい。もちろんこの言葉は宣長が発明したものではなく、日本文学史において「物の心」が最初に確認できるのは、『うつほ物語』である。それ以前の『古事記』・『日本書紀』・『日本霊異記』にはみあたらず、一〇世紀に入ってからも、『竹取物語』や、伊勢・大和・平中の歌物語に使用例はない。

以降で考察するように、『うつほ物語』から『落窪物語』を経て、『源氏物語』では三一箇所での用例がみられる。もともと宣長においては、源氏物語論である『紫文要領』で展開された言葉であることから、『源氏物語』の「物の心」に強く影響を受けていると考えるのが自然である。これは「事の心」にもあてはまる。ただし問題は、宣長の「物の心」・「事の心」は、『源氏物語』のそれらとは、その意義や文脈において異なった使われ方をしていることである。そもそも宣長は、「物の哀」を定義するなかで「物の心」や「事の心」を登場させたが、『源氏物語』において、この用途では全く使われていない。

なぜこうした違いがあるのか。それを知るために、先ず、そもそも「物の心」とは、どのような意味の言葉であるかを、代表的な古典の用例を網羅的にみることで確認してみたい。

なお『源氏物語』以降は、『浜松中納言物語』・『狭衣物語』・『とりかへばや物語』、そして『今昔物語集』において、それぞれ少ないが使われている。中世に入ってからは、『松浦宮物語』・『宇治拾遺物語』・『十訓抄』・『曽我物語』・『太平記』にもみられる。三大随筆では、『枕草子』・『方丈記』にはそれぞれ一つの事例があるが、『徒然草』にはない。日記では、『土佐日記』・『蜻蛉日記』にはみられないが、『紫式部日記』・『更級日記』にはそれぞれ一例ずつ、歴史物語では『栄花物語』・『大鏡』に使用例がある。

なお「物の心」は、現在の辞典では、次のような定義がされている。

A　物事の道理。世間の事柄や人情などの奥にある条理

B　物事の情緒。自然や音楽・藝術などの持つ美的情緒。また、人間的真情[9]

特に、主にAの意味の範疇で、現代でも使われる〝物心がつく〟とほぼ同義の用例が多く確認できる。子供から大人への移行期間において、幼児期を過ぎて、世の中のいろいろなことがなんとなくわかりはじめるという意味である。

第一項　琴を奏でる心―うつほ物語

遺唐使船が難破したため、波斯国《はしこく》に漂着した俊蔭が、秘琴と弾琴の技を授かる。『うつほ物語』は、そこから始まる親から子へ、子から孫への秘琴伝授が、ひとつの核となっている物語である。そのために、子供が、琴を与え、技術を教えるに値する人物かどうかを判断することが重要になってくる。実際に俊蔭は、自分の娘（「俊蔭女」）に、次のように遺言している。

　若しは、子あらば、その子十年のうちにみ給はむに、聡く賢く、魂とゝのほり、容面《ようめい》、心、人に勝れたらば、それに預け給へ(10)

琴を譲る条件として、知性、内面、容姿などが人に優れていること、しかも一〇歳という幼少期までにそれらを判断するようにと指示している。この条件のひとつに「心」が挙げられているが、『うつほ物語』における「物の心」の意味を考えるにあたって、幼いころに判断される秘琴伝授の条件は重要である。

この言葉を残して俊蔭は亡くなるのだが、その状況を描いているなかに、最初の「物の心」は出てくる。

　心と身を沈めしほどに、ことに身の得もなく、久しくなりにしかば、まして一人の使人も残らず、日に従ひて、失せほろびて、物の心も知らぬ娘一人残りて、物恐ろしく、つゝましければ、(11)

もともと俊蔭は、娘が四歳になったときに、〝賢く聡明に育った〟として、波斯国から持ち帰った琴のひとつを与え、伝授を始める。俊蔭は、娘に対して、一〇歳どころか、四歳の時点で判断したことになる。そして、官位すらも辞し、娘と邸に篭もり、周りとの接触を断つかのような生活を送りながら、琴を教える。それでも娘が一二、三歳ころには、その美しさを聞きつけた多くの男性から結婚の申し込みがあるが、俊蔭は頑なに拒みつづける。そうしたなかで、娘は、一五歳になった年に、母と死別し、続いて父の俊蔭が逝き、乳母までが亡くなり、たった一人だけ残されてしまうのである。

したがって、ここの「物の心も知らぬ」というのは、世間から隔絶した生活を送ってきたために身につけることができなかった、世間の事柄や常識ということになるだろう。生きるために自分ですべきことや、人に頼ることもわからない娘は、「有りやうにもあらず」(12)(人が住んでいるかどうかもわからない様子で)、貧窮のうちにひとり寂しく暮らすことになる。その後娘は、屋敷を訪れた藤原兼雅《かねまさ》と一夜を契り、子(仲忠)をもうける。しかし落魄した生活は変わらず、零落の母子は人目のつかない山奥に生きる場所を求める。それが題名にもなっている「うつほ」での生活となる。

仲忠らが物の心も知らぬ、いかばかりかは悲しびたまひし(13)

仲忠が、母と二人でうつほで暮らしていたころを回想している一文である。幼かったころの自分を「物の心も知らぬ」と表現し、その子供を抱えて、母はどれほどの悲しみを尽くされたことだろうかと嘆いている。母とともに山に入ったのは、仲忠が五、六歳のころである。したがって、同じ「ものの心も知らぬ」という表現ではあるが、先の「俊蔭の娘」が一五歳であったことを考えると、少し意味は異なるだろう。ここでは、現代でも使う〝物心がつく〟とほぼ同義と考えられる。
ただし、仲忠は次のようにも述べている。

三ばかりになり侍りにけるほどになむ、物おぼゆるコト侍りける。いかでこれを養はむと思ひ侍りしかど、すべきかたなくてみ給へしに、たゞ明暮、「いかで鳥の声もせざらむ山にこもりにしがな。(14)

偶然に琴の音を聞いて、父である兼雅がうつほを訪れ、なぜこのようなところに住んでいるのかを訊いたときの、仲忠の台詞である。このとき仲忠は一二歳。三歳になったときにはすでに、「物おぼゆるコト侍り」て、母を養わなくてはと決心したと答えている。

実際に三歳のころの仲忠を説明した地の文には、「この子、三になる年の夏ごろより、親の乳のまず(15)」、五歳になる前には「親の苦しかるべきコトはせず、親はかなしきものなり(16)」と思っていたとあり、常識では考えられない早熟な子供として描かれている。したがって、自分の謙遜した思い出とは別に、仲忠は三歳の時点ですでに「物おぼゆるコト侍り」、つまり物心がついていた人物として描写されていた。

「ものの心」の考察を続けたい。秘琴伝授は、仲忠の娘へと続いていく。

この年頃は月日も疾く過ぎなむ。物の心もしり給はば、心静かにて、さるべからん所を造りて、率て奉りて、習はし奉らんと、夜は眼を覚まし、昼はこれを思ひめぐらし侍ルに、……来年は七つになり給ふ。今までこれを教へ奉らぬ事(17)。

仲忠が、娘であるいぬ宮に琴を教えることを、妻である女一宮に相談している場面である。翌年は七歳になる娘が、「物の心」を知るようになったら、琴を教えようと考えながら、一方で、この歳になるまで教えていなかったことに対して、遅すぎたのではないかと後悔に近い思いも吐露している。仲忠の母は、四歳から父俊蔭の伝授を受け、仲忠自身も、山中のうつほにて、六歳から母の教えを受け始めている。その母は、慎重になっている息子に対して、次のように述べる。

いと恐ろしうも物の心よう思ヒ知りたるさまにおはすれば、いとようひかせ奉り給てん[18]

いぬ宮は、怖いほど「物の心」を感じ取っているようであるので、上手に琴を奏でるであろうとして、はやく練習を始めることを薦めている。しかし仲忠は、

いかでかは、いと疾く習はせ給はム。物の心くはしく見サせ給うひてこそ[19]

と述べて、琴を習うためには、ただ早く教えればいいというものではなく、まず「物の心」を感じ取れるようになっていなければならないことを繰り返す。琴を教える賛否の中心に「物の心」が位置しているのである。

『うつほ物語』での「物の心」とは、先ず子供が主語となっており、現代でも使う〝物心がつく〟という

意味が、その基本にある。しかし、それだけでは、ほとんどすべての子供に秘琴伝授の資格があることになってしまう。したがって、一般的な〝物心〟よりも、さらに深い意味が、そこになくてはならない。

それでは「物の心」とは、具体的にはどのようなことをいうのだろうか。仲忠が、いぬ宮に教えようとしている琴の弾き方について語っている部分があるので、少し長い引用になるが、抜き出してみたい。『新編日本古典文学全集』の現代語訳も併記する。

春は霞ほのかなる鶯の声、花のにほひを思ひやり、夏のはじめ、深き夜の時鳥の声、暁空の景色、林の中を思ひやり、秋の時雨、夜の明かなる月、思ひ〱の虫の声、風の音、色々の紅葉の枝をわかるゝ折のけしきを思ひ、冬の空さだめなき雲、鳥獣のけしきの、朝の雪の庭をながめ、高き山の頂を思ひやり、凍みたる池の下の水をあはれび、深き心高き思ひも、もろ〱の事を思ひあはせ、世の中のすべて千種にありと見ゆるものの覚ゆるもの、また時に従ひつゝ色衰へ、久しくなり、また空しくなりぬるものを、心に思ひつゞけて、琴の音に弾きそへむと思ひ、おなじく、手弾きはべればコソ、琴の音も弾くに従ひて響き、よろづの折にはあひ侍れ。[20]

（春は、霞やほのかに聞こえる鶯の声や花のかんばせを想像し、夏の初めは、深夜に鳴く時鳥の声や、明け方の空の景色や林間の光景に思ひをはせ、秋は、時雨や夜空に輝く月、思い思いに鳴り響く虫の声やら風の音、さまざまな色合いになった紅葉の葉が枝を離れていくときの様子を思い、冬の空、定めなく飛んでいく雲や鳥、動物の冬越しの様子、早朝の雪の庭を眺めて、高い山の頂きのさまを想像し、氷の張った池の下に流れる水を思い、深い心も崇高な思いも、さまざまなことを思い合わせて、この世にあるすべてのもの、千種類にも及ぶと思われる物事のうち、自分が知っている物、また、その時々に色褪せたり長く残ったり、または、この世からまったくなくなってしまうものを、心の中に思い浮かべ続け、それらを琴の音に弾き加えようと、心を一つにして弾いてこそ、琴の音は、各自の思いに沿って響き、どんな折節にもそぐうものなのです。[21]）

春は「霞」「鶯の声」、夏は「時鳥の声」「暁空の景色」、秋は「時雨」「虫の声」、冬は「さだめなき雲」「凍みたる池の下の水」などといった、四季折々の「千種にありと見ゆるもの」を心に思い浮かべ続け、それを琴の音に加えようと思って弾くからこそ、どんな折にも寄り添うものとしている。実際に、仲忠のいぬ宮への秘琴伝授は、それぞれの季節に応じて行われる。

たとえば、二、三月のころの練習の風景は以下のように描かれている。

> 二月晦方よりは、なホ楼にて習はし奉り給フ。山の気色色づく見るもいとヲかしとて。
> 三月節供。例のいと清らにて参り給フ。桜の花、かばざくらの花いとおもしろし。楼はたゞ桜の花の中に包まれたり。いぬ宮一所、まめやかにておはすればにやあらん。いとこよなくおとな〳〵しうなりまさり給フ。鶯の声いと近う、花にゐて鳴くを、琴をいとのどやかに、その声にあはせて弾き給ヒつゝ、
> 　鶯の花にむつるゝ声きけば　こひしき人ぞ思ひやらるゝ
> とひき給フを、大将、いと哀に聞き給へど、かしづき子は人にいとはづかしういと物恥をし給へば、たゞにおはす。[22]

冬から春に変わる時期、楼を囲む草花は色を変えていき、聞こえてくる鶯の声に合わせて、いぬ宮は歌と共に琴を弾いている。これはいぬ宮だけではない。山中のうつほにて、仲忠に母が伝授をした際にも、「春はおもしろき草〴〵の花、夏は清く涼しきかげに眺めて、花紅葉の下に心をすましつゝ[23]」と、季節に応じて練習が行われたことが語られている。

以上のことから、琴を弾くにあたって必要な「物の心」とは、「世の中のすべて千種にありと見ゆるものの覚ゆる物、また時に従ひつゝ色衰へ、久しくなり、また空しくなりぬるもの」を感じることができる心ということになる。つまり、この世にあるすべてのもの、それらはその時々に色褪せたり長く残ったり、または、この世からまったくなくなってしまうものなどさまざまであるが、それらを感じ取れる感受性である。したがって、そうした感受性が備わっている、もしくは将来的に身につけることができる可能性があると判断された場合に、「物の心、よう思ひ知りたるさま」として、秘琴伝授が行われるのである。

第二項　異次元への感受性―源氏物語

これをふまえて、『源氏物語』の「物の心」をみていきたいが、その前に、ちょうど成稿時期としては、この二作品の間に挟まれる『落窪物語』の用例を確認しておく。ただし『落窪物語』には、「物の心」の用例はふたつしか確認できない。

ひとつは、「是物の心知るまで見んとおぼえし也[24]」である。

落窪姫の異母姉妹である三の君が述べた言葉である。彼女は、意に沿わない相手との結婚など、現実の世界で遭遇する辛い出来事から、尼になることを決心する。しかし、子供が生まれることで、その愛おしさから吐露したのがこの気持である。〝この子が「物の心知るまで」は、（尼にはならずに）育てよう〟という意思であり、〝物心がつく〟と訳せるだろう。

もうひとつは、落窪姫の継母、北の方の台詞にある。

北の方の夫である忠頼は、生前に落窪姫の夫である道頼にお世話になったことから、自分の遺産の大部分を、落窪姫夫婦に贈ることにする。しかし、忠頼の死後、道頼は、遺産をすべて受け取ることはせず、北の方やその家族に対しても好意的に対処する。それにもかかわらず、北の方が不満をもらして言ったのが、次の言葉である。

> いさ。物いへば、ひがみたりとかしがましういへば、聞きにくし。よき事知り、物のこゝろ知りたらん人、推し量り申せかし(25)

私が何を言っても間違っていると非難されるので、「よき事知り、物のこゝろ知りたらん人」にすべて取り計らってもらえばよいと述べている。つまり、正しいことを知り、「物のこゝろ」をきちんとわかっている道頼に、遺産の処分についてすべてまかせるというのである。もちろん本心ではなく、皮肉を込めて言っているのであるが、物事の常識や道理がわかっている道頼にすべてを託すとしている。『うつほ物語』と異なり、「物の心」の持ち主となる対象が大人であることは注目すべき点である。

『落窪物語』では、「物の心」は大人が持つものとして使われていること、そして『うつほ物語』では中心となっていた美的情緒という意味では全く使われてはいないことを確認して、『源氏物語』へとすすみたい。

関根賢司が、『源氏物語』に出てくる三一例の「物の心」という表現を検証している。[26] 現代の代表的注釈書である『新日本古典文学大系』（岩波書店。以降、「大系」）・『日本古典文学全集』・『新編日本古典文学全集』（共に小学館。以降、「全集」・「新編」）・『新潮日本古典集成』（新潮社。以降、「集成」）において、「物の心」が、どのように現代語訳されているかを確認し、その訳の限界を提示することで、「物の心」の深い語義を浮かび上がらせようとしている。

たとえば、『源氏物語』桐壺の巻、主人公三歳の着袴の儀の場面で「物の心」が使われている。

それにつけても世の譏りのみ多かれど、この御子のおよすげもてをはする御かたち、心ばへ、有がたくめづらしきまで見え給ふを、えそねみあえ給はず、物の心知りたまふ人は、かゝる人も世に出でをはする物成けり、とあさましきまで目をおどらかし給ふ[27]

関根氏は、この「物の心知りたまふ人」を、「大系」は、「何らかの情緒を解される方」、「全集」と「新編」は、「物事の情理をよくわきまえておられる方」、「集成」は、「ものごとの道理がお分かりの方」とそれぞれ現代語訳していることを紹介しながら、「『物の心』は『何らか（もの、物事、ものごと）の情趣（情理、道理）』であるか、それに尽きているであろうか」[28] と疑問を呈する。

この場面での「物の心知りたまふ人」とは、普通の人々の判断においては誹謗される（「世の譏り」）存在である主人公の「御かたち、心ばへ」を、この世によくお生まれになったと肯定的に認識しうる人である。それはつまり、単純にこの世の現実の基準を充分に理解している人ということではなく、非現実、異次元の世界に対する感受、判断力を具えている人ではないかというのである。

他の用例もみてみよう。『うつほ物語』と同様に、何を感じることが「物の心を知る」ことなのかが具体的に描かれているところなので、少し長くなるが引用する。

> 木高き紅葉の陰に、四十人の垣代いひ知らず吹きたてたる物の音どもにあひたる松風、まことの深山おろしと聞こえて吹きまよひ、色々に散りかふ木の葉の中より、青海波のかかやき出でたるさま、いと恐ろしきまで見ゆ。かざしの紅葉いたう散りすきて、顔のにほひにけおされたる心地すれば、御前なる菊を折りて左大将さしかへたまふ。日暮かかるほどに、けしきばかりうちしぐれて、空のけしきさへ見知り顔なるに、さるいみじき姿に、菊の色々うつろひえならぬをかざして、今日はまたなき手を尽くしたる入綾のほど、そぞろ寒く、この世のこととおぼえず。もの見知るまじき下人などの、木のもと、岩がくれ、山の木の葉に埋もれたるさへ、すこしものの心知るは涙落としけり。[29]

桐壺帝の朱雀院への行幸で青海波を舞う源氏の姿に対して、「もの見知るまじき下人」のなかでも、少し「ものの心知る」人は、感極まって涙を流したという。この「ものの心」について、「大系」の注は、「物事の情理をわきまえる意」、「全集」の訳は「物の心を感じる（新編、わきまえる）者」、「集成」の傍注は「ものの情趣の分かる者」と、それぞれあるが、関根は「いささか物足りなさを覚える[30]」とする。

確かに、ここの源氏の舞への表現は、単に美しい、きれいであるといったものを超えた過剰さがある。この前に行われた試楽の舞ですら、一緒に舞った頭の中将を対比として「世に見えぬさま[31]」とあり、弘徽殿女御はすこし意地悪く「神など空にめでつべき容貌かな。うたてゆゆし」[32]とのべる。実際に桐壺帝は、本当に神に魅入られないかと心配し、本番を迎えるまでに誦経などをさせた。引用した箇所でも、「いと恐ろしきまで見ゆ」や「この世のことともおぼえず」と形容され、「けしきばかりうちしぐれて」、つまり「空」ですら心を動かされて、時雨という涙を流したとある。

　そうした光景をみて感涙するのが「ものの心知る」人ということになると、確かに、ただ現実的な常識や道理、眼に見える自然に関する美的情緒などを解する人と訳すだけで事足りるか、という疑問は正しい。関根は、「霊異、非日常、非地上（この世）性に対する感受、顧慮」[33]を意味に込められないかと提案しつつも、現代語訳の限界を認めている。

　もう一例みてみたい。源氏は、京を離れて、須磨で日々を送るが、三月上巳の祓えをきっかけに暴風雨がおこり、雷もおさまらなくなる。都の紫の上からの使者が「京にも、この雨風、あやしき物のさとしなりとて」[34]と語るほど、雨風や雷は収まる気配をみせない。このまま世は滅んでしまうような様子として、「風いみじう吹き、潮高う満ちて、浪の音荒きこと、巌も残るまじきけしき」[35]と表現される。そのため源氏も「先の世の報ひか、此世の犯しか、神仏明らかにましまさば、この愁へやすめたまへ」[36]と願を立てる。その効果があったのか、ようやく少し天候がおさまるものの、源氏にもこれからどうしたらいいかわからず、途方にくれる。そうしたときの源氏の心の内が次のように表現される。

　近き世界に、ものの心を知り、来し方行く先のことうちおぼえ、とやかくやとはかばかしう悟る人もなし。[37]

危機的な状況のなかで、源氏は、自分の行く末を照らしてくれる人を切望しつつ、その不在を嘆いている。ここの解釈について関根は次のように述べる。

「神」「罪」「風」「空」「雨風」「物のさとし」「先の世の報ひ」「此世の犯し」「神仏」などなどの語句（表現）に囲繞され、それらの言葉（表現）を目覚めさせ喚び醒ましているとおぼしい場面、文脈のなかで、はたして「物の心を知り」は「物事に分別があり」（全集）、「物事の道理をわきまえ」（新編）、「ことの意味を見抜き」（集成）という現代語訳で事足りているだろうか。[38]

確かに、この「ものの心を知」る人を、確かな知識と合理的な判断力をもち、それによって、現実的に状況を打開してくれる人と解釈することで充分であるかには疑問が残る。実際にこの後導いてくれるのは、ふとまどろんだ源氏の夢枕に立った故桐壺院である。

関根は、この他にも、薄雲、朝顔、夕霧などに出てくる「物の心」の用例を検証することで、「物」は、「物のけ」「物のさとし」の「物」と同じく、霊異、超自然、異次元の存在であり、「物の心」は、それの気持、意思、意図ではないかとする。つまり「物の心を知る人」とは、単純に現実世界の常識や情感を理解しているということに留まらず、この世、地上、俗世の論理を超えた「非現実、異次元の世界に対する感受、判断力を具えている人」[39]と解釈すべきだという。そして、『源氏物語』における三一例の「物の心」のうち、多くの場合においては、現実の尺度である「物事の情趣」「情理」「道理」「分別」などの現代語訳で事足りるが、ここで紹介した事例を含めた九例においては、少なくとも、こうした別の視点の要請が必要であろうと結論づけている。
以上、関根の解釈を軸に、『源氏物語』の「物の心」をみてきたが、すでに確認した『うつほ物語』『落窪物語』と比較すると、どのような特徴があると言えるだろうか。
先ず、基本的に子供が主体となってはいないことがあげられる。現代でも使う〝物心がつく〟という表現と同様に、幼児性からの脱却が基本的な意味として『うつほ物語』には存在していた。確かに、『源氏物語』にも次のような用例はある。

何かは。心細くとも、しばしはかくておはしましなむ。すこしものの心思し知りなむに渡らせたまはむこそ、よくははべるべけれ。(40)

男君たち、十なるは殿上したまふ、いとうつくし。人にほめられて、容貌などようはあらねど、いとらうらうじう、物の心やうやう知り給へり。(41)

前者は、若君を自宅に迎えとろうとする父・兵部卿宮に答える少納言の言葉である。後の紫の上であるこの少女は、このとき一〇歳である。庇護者であった尼君と死別し、いままで馴染みのない継母のもとにいくことに反対である少納言は、「ものの心」を知るまではという理由をつけて移るのを遅らせようとしている。
後者は、髭黒の大将の息子の描写である。評判もよく、大変利発であり、だんだんと「物の心」も知り始めているという。「やうやう」という形容からも、子供から大人になるにつれて身につける心ということがわかる。

しかし、『源氏物語』では、これらの子供から大人への移行という文脈で使われることは少なく、その主体は基本的に大人である。また、その中身はどうだろうか。『うつほ物語』『源氏物語』とも、物事の常識や道理という意味に加えて自然を中心とした美的情緒を解する心として用いられている。仲忠が、いぬ宮に教える琴の弾き方と、源氏の青海波の描き方には、琴と舞の違いはあれども、芸術へと昇華する自然の美への感受性という点では共通するものといっていいだろう。

ただし、関根は、宣長についても言及しながら、次のように述べている。

「物の心」は、見てきたように「物事の情趣」「情理」「道理」「分別」などと現代語訳されているが、どうやら「物のけ」「物のさとし」と同系列の語とは見なされず、むしろ本居宣長経由の「もののあはれ」と同一の位相にある語として扱われてきたとおぼしい。(42)

問題としてきた「物の心」の現代語訳は、宣長の「もののあはれ」の影響のもとになされているのではないかという。『源氏物語』の「物の心」は「もののあはれ」とほぼ同意のものとされ、〝現実世界の自然にふれてしみじみとわき起こる情緒〟といった解釈がされる。しかし、実際は宣長の「もののあはれ」を超えたものが「物の心」にはあるのではないかというのが関根の指摘である。

関根は、宣長の「物の心」の使用例には言及していない。したがって、『源氏物語』の「物の心」を踏まえたうえで、宣長が、どのような意味で「物の心」を使い、それによって、宣長の「物のあはれ」がどのような特徴を持つのかを明らかにする必要がある。

なお、『紫式部日記』にも、「物の心」の記述が一箇所で見られる。

> 中務のめのとと、よべの御口ずさみをめできこゆ。この命婦こそ、物の心えて、かどかどしくは侍る人なれ[43]。

紫式部は、「中務のめのと」を、「物の心」を知っており、大変気が利く方と褒めている。ここでの「よべの御口ずさみ」とは、この日の前日に藤原道長が、子供たちをみながら「野べに小松のなかりせば[44]」と口ずさんだことを指している。これは壬生忠岑《みぶのただみね》の「子日《ねのひ》する野辺に小松のなかりせば千代のためしに何を引かまし[45]」という歌のことであり、若宮たちを小松になぞらえて、この若宮たちがいなかったら、千年の繁栄の証を何に求めようか、という心をこめたものである。

「中務のめのと」は、道長の孫である敦良親王の乳母であり、したがって道長がこのような歌を口ずさんだことをうれしく感じ、その心情も十分に理解できることであった。この道長に対する理解度が、式部に「物の心えて」と好感を抱かせた理由であった。

第三項　王朝物語の「物の心」

『源氏物語』以降の「物の心」も確認しておきたい。先ず、平安時代後期に成立し、『源氏物語』の大きな影響が認められる王朝物語である『浜松中納言物語』・『とりかへばや物語』・『狭衣物語』を見ていきたい。

ただし、前二作品では、次のそれぞれ一例のみしかみられない。

姫君、ものの心知るまで見ないては、かく聞こえさするみ吉野の山にも、さそひ聞こえたてまつりてむ。(46)（『浜松中納言物語』）

君の御母と聞こえけん人は知り給へりや。大納言はいかゞの給うと問はせ給へば、やうゝものの心知り給うふまゝに、いかに成給ひけんとおぼつかなく、(47)（『とりかへばや物語』）

『浜松中納言物語』の「姫君」とは、物語の主人公（「中納言」）と、今は尼となっている大君とのあいだにできた児姫君のことである。山籠りから帰ってきた中納言が、児姫君が「ものの心」を知るようになったならば、吉野の山にもお誘いしましょうと述べている。

『とりかへばや物語』の「ものの心」を知る人物は「若君」である。母であると名乗り出ることができない中宮が、自分の息子（「若君」）に、父である大納言から母（自分）について、どのように聞いているのかを尋ねている箇所である。この時若君は一一歳であり、徐々に「ものの心」を知るようになって、自分の母親はどうなってしまわれたかを気にしはじめていた。

『狭衣物語』では、六か所に使用例がみられるが、そのうちの五つを次に挙げる。

①やうやう物の心知りたまふままに、かからん人をこそ我が物にせめ、(48)

②やうやう物の心知りゆくままに、この御様ならん人を見ばや、さらざらんこそ生けるかひなかるべけれ[49]

③幼きほどこそ、さてもあらめ、物の心知り、大人びなば、あまた候ふめる中納言、宰相の君などのつらにてこそはあらめ[50]、

④かくなど、言ひ聞かせたてまつるべきやうもなければ、いとかひなし。いま少し物の心知りたまふまで、え見たてまつらずなりぬるよ[51]。

⑤御産衣や、昔の人の描きすさみたまへりし絵どもなどの、破り捨てんが惜しかりしどもを、取り置いたりしなり。むげに、その人の御ありさまとて、聞かせたまはんことのなからんよりは、物の心知らせたまひなんに、御覧ぜさせん[52]

①と②はほぼ同じことを述べており、従妹の源氏の宮と、実の兄弟のように一緒に育てられた狭衣が、だんだん「物の心」を知っていくうちに、宮を自分のものにしたいと思うようになっていったという描写である。③の「物の心知り」の主体は、狭衣と飛鳥井女君との間に生まれた娘であり、素性を隠して育てられていることに関して、幼い今はまだいいが、「物の心」を知り、大人になっていくにつれて、身分の低いものと同列に扱われてしまうことを心配している台詞である。④の「物の心知らせ」の主体は、狭衣と女二の宮との間にできた息子・若宮である。狭衣は出家の決意を固めたが、息子との別れだけはつらく、若宮に出家の理由を説明して、理解することができる歳ごろまで、そばにいることができないことを悲しんでいる場面である。

⑤は、赤子のときに来ていた産着や、母である飛鳥井女君（「昔の人」）が描いた絵などを、娘である飛鳥

井姫君が「物の心」を知ったのちに、見ることができるようにと残しておいたという台詞である。なお、この「御産衣や、昔の人の描きすさみたまへりし絵」を実際に、飛鳥井姫君に見せた時の描写は次のようなものである。

いと心苦しき御けしきを、中将は、何しに御覧ぜさせつらん、今少し大人びさせたまひて、物のあはれも思しのどむばかりにてこそ、取り出づべかりけれとさへ思へど(53)

飛鳥井姫君は、母が残した物を見るにつけても、言葉にならないほど悲しくなり、その辛そうな様子をみた中将は、もう少し大人になり「物のあはれ」を知り、悲しみに耐えられるようになってから、これらの遺品は見せるべきだったと後悔している。つまり⑤と並べて考えると、「物の心」と「物のあはれ」は、ほぼ同義のように使われていることがわかる。

以上、『源氏物語』の影響が認められる『浜松中納言物語』・『とりかへばや物語』・『狭衣物語』の用例をみてきたが、基本的に子供が主体となり、今でも使う〝物心がつく〟とほぼ同義に使われていることがわかる。(54)ここには『源氏物語』にみられた、非現実的な世界を視野にいれた、大人の感受性や判断といった側面はない。

第四項　「あはれ」との遭遇―栄花物語

子供を主体とした「物の心」を考えるにあたって、『栄花物語』の次の記述は明快である。

さるべき殿上人、上達部絶えず、この殿ばらもさぶらひたまへば、いみじくあはれに悲しくなん。ものの心知らせたまへる宮たちは、御衣の色などもいとこまやかなるもあはれなり。(55)

村上天皇の皇后であり、冷泉・円融天皇の母である安子の四十九日法要の様子を描いた場面である。「ものの心知らせたまへる宮たち」とは、八歳以上の宮たちのことである。「五の宮は五つ六つにおはしませば、御服だになきを」(56)(守平親王はまだ五、六歳でいらっしゃったので、喪に服せられることまではなさらないが)という記述もあり、『源語秘訣』では延喜七(九〇七)年と延長四(九二六)年の勘申を引用し、七歳以下の子は親の喪に服する必要のないことを指摘している。それを『栄花物語』では、「ものの心知らせたまへる宮たち」と表現していることから、「ものの心」を知っているのは八歳以上であり、七歳以下の子供は「ものの心」を知らないと定義しているともいえる。

ただし、「物の心」は、法事の慣例のように一定の年齢で明確に決められるものではないことも確かである。

かくて参らせたまへるに、上のむげにねび、ものの心知らせたまへれば、いとどものの栄えもあり、また恥づかしうもおはします。中宮の参らせたまへりしほどなどは、上もいと若くおはしましましを(57)

中宮彰子が入内したときの、一条帝の描写である。この時二〇歳の帝は、大変大人びており(「むげにねび」)、天皇として必要な、物事の道理や美的情緒、人間的真情などもすべて身につけていると描かれている。

「いと若くおはしまししを」と、中宮定子の入内の時と比較しており、それは九年前の一条帝一一歳のことである。このときにはまだ「ものの心」は知らなかったということになる。

以上の例は、これまでも確認してきた、子供が主体となり、今でいう〝物心がつく〟として使われている例である。しかし、『栄花物語』には、宣長の「物の心」を考えるにあたっての、重要な用例がある。

世の人、この殿の御有様を、あるは、あしうしたまへれば、ことわりと言ふ人もあり、またすこし物の心知りたる心ばへある人は、かの御身にては、おはしたるにくからず。母の死ぬべきが、われを見て死なん、われを見て死なんと、寝ても覚めても言はむを、身はいたづらになるともなど思ぼすにこそはあらめ。あはれなることなりや(58)

藤原伊周《これちか》（「この殿」）は、花山天皇に対して弓を引いたとして、罪に問われ配流された。しかし、死に瀕している母に会うために、配所から密かに入京し、対面はかなったものの捕らえられる。そのことに対して、世間の人の反応が書かれた箇所である。〝悪いことをしたので仕方がない〟という人がいる一方で、「すこし物の心知りたる心ばへある人」は、臨終に近い母が、もう一度会いたい、一目会って死にたいと言っているのならば、自分の身が破滅することになっても実行することは、「あはれなること」と評価する。したがって、ここでの「物の心」を知る人とは、物事を杓子定規に善悪で考えるのではなく、「あはれなること」で判断できる人ということになる。

同様に、次の用例も、「物の心」と「あはれ」の結びつきをみせる。

曇なくめでたきに、続きたちたる御有様などもいみじうこそ。夜もすがら、人々、所の御有様、女房の衣の色さへ見えわかるる月なれば、おのづからものの心知りたる人はあはれに堪へがたく、よの常なきことをさへ、とり重ね思ひつづけて、女房の車を見て思ひけり

藤衣かへすがへすも悲しきは涙のかかるみゆきなりけり

花紅葉折りし袂を今はとて藤の衣を着るぞ悲しき

などぞ、人知れずわが心どもをやりける。[59]

藤原道長の娘、妍子《けんし》の葬式の場面である。御車に御柩を載せて、お供の女房たちは、普段の衣装である菊《きく》襲《がさね》や紅葉襲《もみじがさね》などの上に、喪服の藤衣を重ねている。そうした衣装がはっきりと見えるほどに、月は明るく、その光の下はっきりと葬式の様子が見えるからこそ、なお一層悲しみがつのるのである。とくに「ものの心を知りたる人」は、こうした悲しい情感「あはれ」に耐えられず、歌を読んではひそかに自身の心を慰めたとある。

ここでも、「あはれ」を感じ取ることができる人が、「ものの心を知る人」ということになっている。これより以前に、『源氏物語』も含めて、この二つの単語が同じ文脈で使われたことはない。この『栄花物語』での「あはれ」は、あらゆる深い情感というよりは、物悲しさを主体とするものであるが、宣長の「物の心」は、「物のあはれ」を説明する言葉であることが大きな特徴となっていることから、この用例は、ひとつの分岐点といえるかもしれない。ただし、これ以降、中世に入ってからも、「物の心」と「あはれ」の関係は定着することなく、基本的にはやはり子供から大人への脱皮の心として使われていく。

第五項　中世の「物の心」

予《われ》ものの心を知れりしより、四十《よそぢ》あまりの春秋を送れる間《あひだ》に、世の不思議を見る事、やゝ度々になりぬ。[60]（『方丈記』）

物の心知りはじめてよりのち、この七十余年、日ごとに、かくのぼりて、卒都婆を見奉るなり[61]（『宇治拾遺物語』）

『方丈記』のこの文章は、一段落目の冒頭に位置しているものであり、この後自己の体験した災害の数々、大火、辻風、遷都、飢餓、地震などを年代順に記していく。『方丈記』が成立したのは、建暦二（一二一二）年であり、鴨長明五七歳の頃である。一六～一八歳頃に「ものの心」を知ったとするならば、そこから「四十あまりの春秋」を送ったということになる。

同様に、『宇治拾遺物語』のほうでも大体の年齢を推察することができる。「唐に卒塔婆血つく事」と題されたこの話は、山の頂上に大きな卒塔婆が立っており、日に一度、必ずこれを見に来る「年八十ばかりなる女」がいる。その道筋は、険しく急で、距離も遠いにもかかわらず、雨でも雪でも、どんなに暑い日でも、一日も欠かさず登ってくる。周りの人がそれを不思議に思い、その理由を聞いた時の答えがこの一文である。今八〇歳であり、「物の心知りはじめ」てから「七十余年」ということは、実際に山に登ることができる年齢も考慮すると、だいたい一〇歳前後のことと考えられる。

ただし、『宇治拾遺物語』には、次のような使われ方もある。

いかでか心にいらんと思たる郎等《ろうどう》の、物もおぼえが、「いみじく侍なん。いかでか、あぢはひまさらぬやうはあらん」など、はやしいひける。すこしものの心しりたるものは、あさましきことをもいふなど思ける。(62)（「三河入道、遁世の事」）

（女が）こゑをたてて泣けば、男も、空寝して聞きしに、女にとらせつる袴にこそあんなれと思ふがかなしくて、同じやうに泣く。郎等共も、物の心しりたるは、手をすり泣きけり。(63)（「越前敦賀の女、観音助け給ふ事」）

この二つは、全く異なる話であるが、「物の心知りたる者」は「郎等」であるという共通点がある。前者は、三河入道（大江定本）が、雉は、生きたまま肉を切り分けたほうが、新鮮で味がよいのではないかと提案した際の、従者たちの反応である。何とか入道に気に入られたい（「いかでか心にいらん」）と思っている人は、それは結構なことと賛成するのに対して、「ものの心」を知っている従者は、残酷なことを言うものだと感じる。このようなことを提案した定本の理由は、「やがてその日国府をいでて、京にのぼりて法師になりにける。道心のおこりければ、よく心をかためんとて、かゝる稀有の事をしてみける也(64)」、つまり仏道心が起こったので、それを確認するために、このような残酷なことをあえてしたという。なお、この出来事を通して心が固まった定本は、京で法師となる。

後者では、両親を亡くしてしまい、どのようにして暮らしていいかわからず、途方に暮れていた「女」のもとに、昔家で働いていた女性の娘と名乗る人が訪ねてきて、あれこれと世話を焼いてくれるというエピソードが語られる。引用をしたこの場面は、実はその娘は、姿を変えた観音様であったことがわかったときの描写である。助けられた「女」や、その夫である「男」はそのありがたさに涙する。そして、その「男」に付き従っている「郎等共」の中でも、「物の心」を知っているものは一緒に泣いたという。これは、『今昔物語集』にも全く同じ話があり、そこでも「物の心」という表現は使われている。

これらの「物の心」は、具体的には、雉を殺すことに哀れみを感じることや、菩薩のありがたさをしみじみと感じることができる心ということになる。仏教説話であることから、二つとも〝仏道心〟と言い換えることができるかもしれない。ここには子供という視点はない一方で、「郎等」が主語となっており、基本的に身分の低い人間は、「物の心」を知らないという前提がみてとれる。

最後に『太平記』の唯一の用例もみておきたい。

是を聞いて時の変化をも計らぬ者は、「穴ことぐ〳〵し、何程の事かあるべき。唐土・天竺より寄来たると云はゞ、げにも真しかるべし。我朝秋津嶋の内より出て鎌倉殿を亡ぼさんとせん事蟷螂車を遮へぎり、精衛の海を塡めんとするに異ならず」と。物の心をも弁へたる人は、「すはや大事出来ぬるは。西国・畿内の合戦いまだ静まらざるに、大敵また藩籬の中より起れり。是伍子胥《ゴシショ》が呉王《ゴオウ》夫差《フサ》を諫しに、晋は瘡にして、越は腹心の病也と云ひしに異ならず」と恐れあへり。(65)

ここでは新田義貞が、鎌倉攻めのために挙兵したことに対する人々の反応が描かれている。「時の変化をも計らぬ者」は、弱小な者が、自分の力量を考えずに強者に立ち向かっているようなものとして、義貞を相手にしていない。一方、「物の心をも弁へたる人」は、これは一大事であると恐れている。「時の変化をも計らぬ者」と「物の心をも弁へたる人」は対になっており、時世の移り変わりや現在の情勢をきちんと理解しているかどうかが軸になっている。ここには美的情緒という観点はほとんどないことがわかる。

第二節　本居宣長の「物の心」と「事の心」

第一項　排蘆小船の「物の心」

前節でみた「物の心」の用例、議論を踏まえて、本居宣長の『排蘆小船』・『紫文要領』・『石上私淑言』で使われる「物の心」、そして「事の心」を考えてみたい。

『排蘆小船』は奥書や識語の類が一切存在しないため、その成立時期は明確ではない。従来では京都遊学中というのが通説であったが[66]、その後の外部資料と内部徴証[67]により、現在は松坂帰郷後の宝暦八・九（一七五八・五九）年頃というのが有力となっている。松坂には享保八（一七二三）年に創始された嶺松院会という歌会があり、宣長は帰郷後すぐに会員になっている。『排蘆小船』は六六段の問答体で構成されているが[68]、それはこの会の同人たちとの質疑応答がもとになっているという説[69]も、この時期の成稿を裏づける。『排蘆小船』において、「物の心」の使用は一例だけである。

無益の事也とて、己れがよまざるさへあるに、人のよむをさへ譏りにくむは、風雅を知らざる木石のたぐひ、人情にうとき事、いはむかたなし。人情に通じ、物のこゝろをわきまへ、怨心を生じ、心ばせをやはらぐるに、歌よりよきはなし。[70]

「人は必ず歌よむべき事」という見出しがついている箇所であり、人が歌を詠むことは神代からのならわしであるにもかかわらず、今では詠まないことを恥とも思わなくなってしまったことを嘆いている。歌は「無益」なものとして、他人が詠ずることさえも嘲笑する人のことを、人情に疎い「木石のたぐひ」とする。そして、「人情に通じ、物のこゝろをわきまへ、怨心を生じ、心ばせをやはらぐる」のに、歌よりよいものはないと述べている。

この「物のこゝろをわきまへ」は、どのような行為のことを意味しているのだろうか。試みに、現代語訳を確認してみると、『新編日本古典文学全集近世随想集』では、そのまま「物の心を弁《わきま》へ」[71]（鈴木淳訳）と〝訳〟されており、現代語訳の限界あるいは困難さを感じさせる。

また『日本の名著 本居宣長』では、「万物のこころに目をひらかれ」[72]（萩原延寿訳）という訳になっている。この表現自体がどのような状況であるのかが不明瞭であり、「物」を「万物」とすること、「わきまへ」を「目をひらかれる」という受動的行為として訳出することに疑問を感じる。おそらくこの訳出は、『排蘆小船』の同項目で、次の文章が続いていることが根拠となっているのだろう。

春立つ朝より、雪の中に歳のくれゆくまで、何につけても、歌の趣向にあらざる事なし。かくのごとき風雅のおもむき、面白きありさまを、朝夕眼前に見つつ、一首の詠もなくして、むなしく月日を送るは、此世にこれほど惜き事はなき也。見るもの聞くものにつけて、思ひをのべ、うつりかわる折〳〵の景色を、興あるさまによみつづけたる、此世のありさま、何事かはおもしろからざらん。(73)

春から冬の一年という時間のなかで、見るもの聞くものすべてが詠う対象となるにもかかわらず、それらを逃してしまうことを惜しんでいる。したがって、この「うつりかわる折〳〵の景色」における「風雅のおもむき、面白きありさま」すべてを歌に詠むことができる心持ちを、「物のこゝろをわきまへ」ていると表現していると推測できる。また、「何につけても」や「見るもの聞くもの」といった表現から、『日本の名著』では「万物のこころ」という訳出になったと考えられる。

ここは、『古今和歌集』仮名序「世の中にある人、事・業しげきものなれば、心に思ふ事を、見るもの聞くものにつけて、言ひいだせるなり(74)」を参照しての表現と思われる。したがって、感じたことを詠んだだけで歌になっていた、過去の人達の心を理想として、そうした心を持っている人のあり様を、「物のこゝろをわきまへ」ていると考えることはできる。ただし『古今和歌集』には「物の心」という表現は出てこない。

一方で、ここはあくまで歌の詠むことを無益とする人間に対して、その有用性を述べた文章であるために、もう少し現実的な解釈も可能である。『排蘆小船』には、「物の心」という単語は一か所しか見られないが、「物のわきまへ」という表現は出てくる。

東西不弁の児童といへども、おのがじし声をかしく謡ひ咏じて心を楽しむ、これ天性自然なくてかな

はぬもの也。有情のものの咏歌せぬはなき事なるに、今人として物のわきまへもあるべきほどのものの、
歌咏ずる事しらぬは、口《クチ》おしき事にあらずや。[75]

ここでは生きとし生ける「情《こころ》」ある人にとって、その心を述べる詠歌というものはなくてはならないものであるとする。東西もわからない「児童」でも歌うことを楽しむことは知っており、まして「物のわきまへもあるべきほどのもの」は、当然である。つまりここの「物のわきまへもあるべきほどのもの」とは、「東西不弁の児童」と対比された表現と考えられ、分別をわきまえた、一般的な常識や善悪を知っている一人前の人間ということになる。ここには、前節まででみてきたような、幼児性からの脱却としての「物の心」を感じさせる。

もちろん「物のこゝろをわきまへ」と「物のわきまへ」とは異なる表現であり、安易に同義と考えることはできない。しかし、後者の意味をもって、先の「人情に通じ、物のこゝろをわきまへ、恕心を生じ、心ばせをやはらぐるに、歌よりよきはなし」を訳すと、「人情を知り、分別をわきまえ（善悪を知る。常識的態度をとる）、優しい心を生み、気持ちを和らげるには歌よりいいものはない」となり、違和感はない。すでに紹介したように、「物の心」には、次のふたつの意味があると辞書では定義されている。

A　物事の道理。世間の事柄や人情などの奥にある条理

B　物事の情緒。自然や音楽・藝術などの持つ美的情緒。また、人間的真情

つまり、『日本の名著本居宣長』での現代語訳は、Bを採用しているが、Aと解釈しても問題ないということである。もちろん「物の心」の訳が明確に、このふたつに分けられるというものではなく、どちらの側面を重視するかということである。

なお、このような歌論としての「物の心」の使用例としては、藤原定家『近代秀歌』がある。

今の世となりて、この賤しき姿を些か変へて、古き詞を慕へる歌あまた出で来たりて、花山僧正・在原中将・素性・小町が後絶えたる歌のさま、わづかに見え聞ゆる時侍るを、物の心さとり知らぬ人は、新しき事出で来て、歌の道変りにたりと申すも侍るべし(76)

今は古典を尊重している歌がたくさんあるが、「物の心」を知らないものは、これが現代の新しい歌風であると勘違いしてしまっている者が出てきてしまっていることを指摘している文章である。つまりここでの「物の心」とは、歌の歴史をふまえた和歌の本質ということになるだろう(77)。

第二項　紫文要領の「物の哀」

宝暦一三（一七六三）年六月七日に、宣長は源氏物語論として『紫文要領』を書き上げる。「作者の事」「述作由来の事」「述作時代の事」「作者系譜の事」「紫式部と称する事」「准拠の事」「題号の事」「雑々の論」「注釈の事」「大意の事上・下」「歌人此物語を見る心ばへの事」の各章からなっている。

とくに、全体の大半を占める「大意の事」は、『源氏物語』の主題について考察したものである。そのはじまりで、これまでの『源氏物語』は「儒仏の書の趣(78)」をもって語られてきたが、それらはすべて「作者《ツクリヌシ》の意」とは異なるものだったとのべる。では、宣長が考える『源氏物語』に込められた、紫式部の本意とは何であるのか。それを明らかにするために、宣長は、『源氏物語』にかぎらず、すべての〝物語〟の主旨を考察する。それは、そもそも『源氏物語』のなかで物語論が展開されているからである。

蓬生巻云、はかなきふる歌物語などやうの御すさひ事にてこそ、つれ〳〵をもまきらはし、かゝるすまゐをも思ひなくさむるわさなめれ

かゝるすまゐとは、末摘花君の、心ほそくさびしきすまゐをいへる也、そをなくさむるゆゑは、ふる物語に、わか身とおなしさまの事をしるせるを見れは、よにはわれと同したくひも有けりと、思ひなくさむ也(79)

最初の文は、『源氏物語』の「蓬生」からの引用であり、二文字下がっている箇所が宣長の注釈である。たいしたこともない歌や物語でも、それらを読むことで、現状のわびしさを少しでも慰めることができるのに、心細く暮らす末摘花にはそういった趣味もないことが記述されている。

宣長は、確かに物語とは、その登場人物に自分と同じ状況の人を見つけることができれば、それによって慰められることがあるとする。続けて、『源氏物語』「絵合」の巻から、「かの旅の御日記云々、しらて今みむ人たに、すこしものおもひしらん人は、涙おしむましく哀也。まいて云々(80)」の部分を引用する。「かの旅の御日記」とは、光源氏が須磨で侘び住まいをしていたときの日記であり、このことを知らない人でも、その日

記を読めば、涙を押しとどめることができないほど心を打たれるという文である。宣長はここから「大方物語と云物の心はへかくのことし」として、次のようにのべている。

ふる物語をみて、今にむかしをなそらへ、むかしに今をなそらへてよみならへは、世の有さま、人の心はへをしりて、物の哀をしる也。そも〳〵物語は、物の哀をしるといふこと第一也。物の哀をしる事は、物の心をしるよりいて、物の心をしるは、世の有りさま、人の情のやうをよくしるよりいつる也(81)

宣長の『源氏物語』論として周知な一文として、「大よそ此物語五十四帖は、物のあはれをしるといふ一言にてつきぬへし(82)」(「紫文要領」)があるが、ここでは『源氏物語』にとどまらず、あらゆる「物語」の本質は、同様に「物の哀をしる」ことが「第一」とする。

そして、この流れのなかで、「物の心」が出てくるのである。「世の有りさま、人の情」を知ることから、「物の心をしる」ことができ、またそこから「物の哀をしる」という三段階になっている。しかし、「物の心」が、「物の哀」・「世の有りさま、人の情」とどのように異なり、定義づけるべきかは、ここからだけではわからない。

この後『紫文要領』では、「紫式部が此物語の本意は、まさしく蛍巻にかきあらはせり(83)」とし、『源氏物語』のなかの「螢の巻」を集中してとりあげる。とくに物語について、光源氏が玉鬘に語って聞かせる場面にこそ紫式部の本心を読み取ることができるとする。

いとあるましき事哉とみる〳〵、おとろ〳〵しくとりなしけるかめおとろきて、しつかに又きくたひそにくけれと、ふとおかしきふしあらはなるなとも有へし(84)

玉鬘などの女房が、物語に夢中になっているところを源氏が見て、作り物の話にどうしてそんなに夢中になれるのかと半ばあきれながらも、その意義について語っているところである。ここで宣長は次のような注釈をつけている。

よむ人の心を感せしめ、物の哀をしらするなり。……さてこゝにいへるあるましくおとろ〳〵しき事是一種也。上の一種は、物語の本意、此一種は、たゝまれに興にかけるのみ也。さる故に、しづかに聞たひそにくけれどといへり。されば源氏物語を見るに此二種のうち、おとろ〳〵しく目さむるやうの事は、いとまれ〳〵にて哀をみせたる事のみ多きそかし。然るにたゝあやしくめつらしき事をかけるふみをのみ好みて、なたらかに哀をみせたる事をはけうなしと思ふは、物の心もしらぬ愚かなる人そかし(85)。

『源氏物語』には「二種」のことが書かれているとする。ひとつは「よむ人の心を感せしめ、物の哀をしらする」ことであり、これが「物語の本意」とする。これはすでに語られている「此物語五十四帖は、物のあはれをしるといふ一言にてつきぬへし」のくり返しである。

ではもう「一種」は何かというと、光源氏の言う「おとろ〳〵しき事」である。ここでは「物の哀」と「おとろ〳〵しき事」が対概念として提示され、前者が「物語の本意」であるならば、後者はただ一興にすぎないとする。「物の哀」が、しみじみとした情趣ならば、この「おとろ〳〵しき事」とは、誇張して表現している喜怒哀楽の感情や態度ということになる。宣長は『源氏物語』では、「おとろ〳〵しき事」は「いとまれ〳〵に」表現され、それは珍しく極端であるがゆえに目をひくことも確かであるが、それを好む人を「物の心をしらぬ愚かなる人」としている。つまり狭義にみれば、まれで派手なものに、安易に目を奪われるのではなく、本質である「物の哀」をきちんと楽しめる人を、「物の心」を知る人としていることになる。

他の箇所では、次のようにものべている。

その物事につきて、よき事はよし、あしき事はあしゝ、かなしき事はかなし、哀なる事は哀と思ひて、其ものごとの味をしるを、物の哀をしるといひ、物の心をしるといひ、事の心をしるといふ。されは此物語は、それをしらさむためなれは、よきあしき事をつよくいへる也(86)。

『源氏物語』の「よきさまにいふとては、よき事の限をえり出」（物語の中の人をよくいおうとする場合にはそのよい所ばかりを選りすぎることになる）の注釈部分である。ここでは、「物の哀」と「物の心」、そして「事の心」がほぼ同列に扱われており、その違いはわからない。

こうして螢の巻をひととおり確認した後に、〝物語とはただ物の哀を書いてあるものならば、なぜ四季折々の風景を描き、人が着ている服のことを書いたりするのか〟という問いを設定し、宣長は次のように答える。

四季おり〳〵の景気は、殊に物の哀を感する物也。……人のかたち有さまのよしあし、衣服のよしあしにて感する事勿論也。末摘花君の衣服のあしき事なと思ひあはすへし。又よきあしきといふには、人のかたち有さま、衣服器財居所、すへて何事にもわたる也。はなかなき器にても、よく作りたるをみてよしと思ふは、則物の心をしり物の哀をしるの一端也。何事もかくの如し。又おかしき事あしき事をかけるは、あしきをみてあしゝとしるも、物の心をしり物の哀をしる也。すへて世にありとある事共をしるしてみるなかにて、をのつからよしあし、物の心をはわきまへしる也。(87)

衣服や日常に使うもの、住む家などの「よしあし」を感じることができる心を「物の心」としている。「はかなき器にても、よく造りたるをみてよしと思ふ」という表現から、表面的なものに惑わされずに、そのものの本質をつかみ、良いものか悪いものかを見抜く眼力ともいえるだろう。そして、「物の心」と「物の哀」の違いは次のように説明する。

わきまへしる所は、物の心事の心をしるといふもの也。わきまへしりて、其しなにしたかひて感する所が物のあはれ也。たとへはいみしくめてたき桜の盛にさきたるを見て、めてたき花と見るは物の心をしる也。めてたき花といふ事をわきまへしりて、さてさてめてたき花かなと思ふが感する也。是即物の哀也。然るにいかほどめてたき花を見ても、めてたき花と思はぬは、物の心をしらぬ也。さやうの人は、ましてめてたき花かなと感する事はなき也。(88)

満開の桜を見たときに「めてたき花」と感じるのは、そのような「物の心」が前提として存在するからだとする。現代の人は、たとえ満開の桜を目にしたとしても、それをどう感じるかは、人それぞれと考えるのが普通であろう。しかし、宣長はそうは考えない。「めてたき花」は、「めてたき花」という正しい捉え方があるとする。物には、当然のすじみちや正しい論理があり、それを「物の心」として、人はまず知識として知るべきであるとする。

ただし、ものごとの正しい捉え方、つまり「物の心」をきちんと把握していたとしても、それを感情として実感することはまた別である。きれいな花である、美しい風景であるということの知識と、それに感じ入り、場合によっては涙をながすまでに心を震わせることができるかどうかはまた別の問題である。それを宣長は、「物の哀れをしる」として区別する。

「事の心」についても、ほぼ同様の説明をしている。

人のおもきうれへにあひて、いたくかなしむを見聞て、さこそかなしからめとをしはかるは、かなしかるへき事をしるゆへ也。是事の心をしる也。そのかなしかるべき事の心をしりて、さこそかなしからむと、わか心にもをしはかりて感ずるが物の哀也。(89)

たとえば、ある人が大変つらい状況（肉親の死など）を経験し、悲しんでいる姿を見て、それを悲しんでいる」と推測できるのは、「かなしかるへき事」という「事の心」を知っているからだという。知識として「事の心」を知らなければ、まずその出来事が悲しいことであるということもわからない。「物の心」の対象を、衣服、器財、住居や、草花などの自然の風景とすれば、「事の心」は出来事ということになる。喜怒哀楽といった感情が発露する出来事に人が遭遇しているときに、その感情を推し量ることができるのは、その「事の心」を知っているからだと宣長はいうのである。悲しい「事の心」を知っていても、それを自分のことのように共感し、自分も悲しむことができるためには、「物の哀」を知らなければならないのである。(90)

それでは、『紫文要領』で展開した宣長の「物の心」を、前節で確認した「物の心」と比較するとどのようなことがいえるだろうか。

まず知識としての感受性という点においては、『うつほ物語』でも、娘であるいぬ宮に秘琴伝授するにあたって、たとえば、春は「霞」「鶯の声」、夏は「時鳥の声」「暁空の景色」、秋は「時雨」「虫の声」、冬は「さだめなき雲」「凍みたる池の下の水」といった、四季折々の「千種にありと見ゆるもの」を心に思い浮かべ続け、それを琴の音に加えようと思って弾くことを伝えている。素晴らしい琴の音を奏でるために、あるべき自然の見方を、かなり具体的に「物の心」として提示しているといえる。

また、「もののあはれ」との関係においては、『栄花物語』にて、「あはれ」との事例をみた。そこでは、「物の心」を知る人とは、物事を杓子定規に善悪で考えるのではなく、「あはれなること」を感じ取れる人であった。宣長が、『紫文要領』を執筆した動機は、それまでの源氏物語注釈書が、儒教や仏教の倫理観によって解釈されてきたことに対する不満であった。そうではなく、「物のあはれをしるといふ一言」で『源氏物語』は読まれるべきであり、その前提として「物の心」を知るべきであるとのべている。

確かに、他の多くの用例でみられた子供から大人への移行という文脈は、『排蘆小船』『紫文要領』にはみられないが、こうした美的情緒や、一般的な道理とは異なる物事の本質としての「物の心」は、そのまま宣長にも踏襲されていると考えてよいだろう。

しかし、やはり大きな違いがある。

宣長の「物の心」は、「物のあはれ」を説明するために用いられている言葉である。「物のあはれ」に到る過程に位置づけられた概念であるために、知識としての側面が非常に強くなっている。『うつほ物語』や『源氏物語』では、「物の心」を知ることは、そのまま豊かな感受性を手に入れることであった。そのために大人への大きな階梯として使われたのである。しかし、宣長は、知識の獲得（「物の心」）と、感受性の発露（「物の哀」）を、はっきりと別けている。

そもそも『うつほ物語』などの作品においては、「物の心」と「（ものの）あはれ」が同じ文脈で使われることがなかったために、両者の意味合いをあえて区別する必要はなかった。ただし、『栄花物語』においては、「あはれ」の文脈で、「物の心」が使われたことを確認した。そこではどのようになっていただろうか。『栄花物語』では、「物の心」を知っている人だけが、「あはれ」を感じることができるとされていた。伊周の勇気ある入京や、妍子の葬式の風景に共感し、「あはれ」を感じることができる人を、「ものの心を知る人」としていた。つまり、『栄花物語』においては、「物の心」を知っているすべての人が、「あはれ」を感じることができたのであり、「あはれ」を感じ取れるかどうかは、「物の心」を知っているかどうかの一点にかかっていた。

しかし、宣長は、「物の心」を知ることは、「物の哀」に到るひとつとして、その後にさらに条件を設定している。まず「物の心」の取得がある。それをクリアした人が無条件で「物のあはれ」を感じるのではなく、そのためには、あらためて「物のあはれ」を知らなければならないとする。繰り返すように、宣長は、知識の獲得（「物の心」）と、感受性の発露（「物の哀」）を、明確に区別しているのである。このようなかたちで「物の心」を、使ったのは、宣長がはじめてであり、大きな特徴といえる。

この宣長の展開では、「物の心」は、感受性という側面が薄められて、より心を動かす前段階の知識としての側面が強くなっていることになる。それそのまま宣長の「物のあはれ」の特徴にもなっている。ではこのような捉え方には、どのような目的や意図があったのだろうか。それを知るために、『石上私淑言』をみてみたい。

第三項　石上私淑言の「事の心」

『石上私淑言』では、『排蘆小船』の内容にひきつづき、『紫文要領』で物語論として展開した「物のあはれ」を、歌論の分析概念として使用している。実際、『排蘆小船』では、「物のあはれ」の使用例が一か所だったのに比べて、『石上私淑言』では六五か所で使われている。しかし、『紫文要領』では「物のあはれ」を説明するために「物の心」が使用されていたが、実は『石上私淑言』ではほとんど使われていないのである。そして、その代わりの位置を「事の心」が占めている。

『石上私淑言』は、「ある人とひていはく、歌とはいかなる物をいふぞや[91]」という問いからはじまる。この問いに対して、

いきとしいける物、いづれか歌をよまざりけるといへるを見るべし[92]。

と答え、「鳥蟲」「鶯蛙」という具体例を出し、もういちどほぼ同じ表現を続ける。

此世に生としいける物は、みなをの〳〵その歌ある也。(93)

この世の生き物は、それぞれの鳴き声があり、そこにそれぞれの歌があるとする。しかし、宣長はここで、ありとあらゆる音を、すべて歌として捉えるべきであるとしたいのではない。むしろその逆であり、歌とはもっと厳密なものでなければならないと主張し、そこで、最初の「事のこころ」がでてきている。

万の物にをのづから其理《ソノコトワリ》そなはりて、風のをと水のひゞきにいたる迄、こと〴〵く声ある物はみな歌也といえるは、事のこゝろを深く考えて、歌の心ばへをひろくいへるに似たれ共、反て浅き説也。(94)

風が吹く音や、水の流れる音など、それらがすべて歌であるというのは、「浅き説」と一蹴する。風が耳元を心地よく吹き抜けていったり、水がさらさらと流れている景色を見た時に、人は、心を揺さぶられて、それを歌に詠む。このことは、一見その対象である水や景色から歌が生まれてくるように感じるが、あくまで、それに感動した人が歌ったものであり、風や水から出てきた歌ではない。なぜなら、風や水には心がないからである。

歌は有情《ウジョウ》の物にのみ有て、非情《ヒジョウ》の物には歌ある事なし。……いける物はみな情《ジョウ》ありて、みづから声をいだすなれば、其情よりいでてあやある声即歌也。非情の物はみづから声をいだす事なし。外物にふれて声ある也。歌は情よりいづるものなれば、非情の物に歌あるべきことはりなし。(95)

あくまで、ものを感じることができる感情を持った「有情の物」にしか歌は詠えないというのが宣長の歌観である。木々や川のせせらぎなど「非情の物」は、「外物」にふれて、たまたま音が出ているだけであり、それは歌ではない。あくまで心あるものが、その動きによって、生まれてくるのが歌なのである。藤原定家『近代秀歌』において、歌の歴史をふまえた和歌の本質という意味で「物の心」が使われている事例をすでに紹介したが、ここでの「事のこころ」は、それに近い意味ではないかと考えられる。

ただし、基本的に『石上私淑言』の「事の心」は、〝歌論としての「物のあはれ」〟のなかで展開する。『紫文要領』では、『源氏物語』とは「物のあはれをしるといふ一言にてつきぬへし」と捉えられていたが、『石上私淑言』では次のような言葉がある。

歌は物のあはれをしるよりいでくるものなり。(96)

冒頭で、「情よりいづるもの」としていた歌は、ここでは「物のあはれをしる」ことから出てくるものとなっている。

古今序に、やまと歌は、ひとつ心をたねとして、万のことのはとぞなれりけるとある。此こゝろといふがすなはち物のあはれをしる心也[97]。

『排蘆小船』でも、『古今和歌集』の真名序から引用することから、「歌ノ本体」とは「タヽ心ニ思フ事ヲイフヨリ外ナシ」としていた。この『石上私淑言』でも、改めて紀貫之を参照し、その「心」とは「物のあはれをしる心」としている。

さま〴〵におもふ事のある是即もののあはれをしる故に動く也。しる故にうごくとは、たとへば、うれしかるべき事にあひて、うれしく思ふは、そのうれしかるべき事の心をわきまへしる故にうれしき也。又かなしかるべき事にあひて、かなしく思ふは、そのかなしかるべきことの心わきまへしる故にかなしき也。されば事にふれてそのうれしくかなしき事の心をわきまへしるを、物のあはれをしるといふ也。その事の心をしらぬときは、うれしき事もなくかなしき事もなければ、心に思ふ事なし。思ふ事なくては、歌はいでこぬ也。しかるを生としいける物はみな、ほど〳〵につけて、事の心をわきまへしる故に、うれしき事も有、かなしき事もある故に歌有也[98]。

基本的に『紫文要領』で展開された、物語論としての「物のあはれ」論と変わりがない。知識として「事の心」を知らなければ、まずその事態がうれしいこと、かなしいことであるということもわからない。それは何も感じないということになり、歌を詠むことできない。

『紫文要領』では、「物の心」の対象は衣服、器財、住居や草花などの自然の風景、「事の心」は人が遭遇する出来事という区別をしていたが、ここではそうした違いはみられず、「物の心」は出てこない。その理由ははっきりとは分からないが、推測としては、すでに冒頭で「有情の物」として、歌を詠むためには、心をもった存在でしかありえないことが強調されている。単なる物が、偶然に音を奏でたとしても、それは歌になり得ない。そうした観点から、とくに詠歌に焦点を絞ると、「有情の物」である人が何かを経験するということが原点としてあるために、「事の心」のみとしたのかもしれない。また、そもそも美しい服や器、雄大な自然といったものをみて心を動かされることは、歌を詠むに値する十分な経験である。したがって、もともと、その区別が曖昧であったことから、あらためて分析概念として整理したとも考えられる。それを証するように、寛政八（一七九六）年に完成した『紫文要領』の改訂版である『源氏物語玉の小櫛』でも、「物の心」という単語はすべて削除されているのである。(99)

第四項　源氏物語の「事の心」

宣長の「事の心」は、どこから来ているのだろうか。『紫文要領』から使われ始めた言葉だとすると、やはり『源氏物語』から影響を受けたと考えるのが普通である。実際に、『源氏物語』で「事の心」は使われている。

明石の浦より、前の守新発意の、御舟よそひて参れるなり。源少納言さぶらひたまはば、対面して事の心とり申さんと言ふ。(100)

「明石」のエピソードである。光源氏は、都から逃れるように出てきて須磨に滞在する。そこでも苦悩する彼の夢枕に、父である故桐壺院が立ち、この浦を去れと指示をする。偶然にもその暁に、明石から入道の一行が船を仕立てて源氏のもとに到着し、最初に言う台詞がこの引用文である。なぜこのタイミングで、源氏を迎えにきたかというその「事の心」を、お話ししたいという。後に語られるように、入道もまた源氏を迎えよという夢告を受けていたという理由がある。したがって、不思議に思われ、理解出来ない事柄の、実際の事や実情という意味が、「事の心」にはあると考えられる。次の場面をみてみたい。

かの知りたまふべき人をなむ、思ひまがふることはべりて、不意に尋ねとりてはべるを、そのをりは、さるひがわざとも明かしはべらずありしかば、あながちに事の心を尋ねかへさふこともはべらで、[101]

ここは光源氏が、玉鬘を引き取ったときのことを、彼女の祖母である大宮に説明している場面である。源氏は、玉鬘が頭中将と夕顔の娘であることは知らず、またしいてその「事の心」を詮索することもなかったと言っている。もちろん源氏はすべての「事の心」を把握していたわけだが、この文脈から「事の心」とは、本当のところ、実情、内実といった意味といえる。

その中に、事の心を知らで、内の大殿の中将などはすきぬべかめり[102]

右大臣の長男、柏木は、玉鬘が異母姉であるという「事の心」を知らずに、彼女に心を奪われる。つまりここでも、本当のこと、実際の事実という意味であり、同じ玉鬘の場面でも、「かくて、事の心を知る人は少なうて、疎きも親しきも、無下の親ざまに思ひきこえたるを[103]」とあり、玉鬘を源氏の娘と疑っている人はほとんどおらず、「事の心」を知っている人は少ない、と使われている。

他にも、「延喜の御手づから事の心書かせたまへるに[104]」、「講師のいと尊く事の心を申して[105]」といった事例もある。前者は絵、後者は法要について、その意味するところを説明し、趣旨を述べるというように「事の心」が使われている。

ひたぶるにそらごとと言ひはてむも、事の心違ひてなむありける。[106]

すでに『紫文要領』の節でも取り挙げた「蛍」において、源氏が玉鬘に対して物語の本質を論じているときの一文である。最初はフィクションである物語に熱中している女性を、少し嘲笑するかのように話し始める源氏だが、途中から、「神代より世にあることを記しおきけるなり。日本紀などはただかたそばぞかし。これらにこそ道々しくくはしきことはあらめ[107]」と、日本書紀などは歴史の一面が書かれているだけで、物語にこそ、神代以来世間に起こったことが詳しく書かれているとする。その表現には、たまに誇張もあるが、それは人間誰にでもある長所短所を極端に描いているだけで、決して架空のことではない。よって、執拗に「そらごと」、つまり作りごとと糾弾することは、物語の「事の心」とは異なるとここでは述べている。したがって、ここでの「事の心」とは、「物語の正しい捉え方」ということになるだろう。

以上の事例から、『源氏物語』の「事の心」は、一見してはわからない物事、もしくは誤認、誤解されている事柄の実情・内情を表している言葉といえる。それぞれの事例で「事の心」が指していることは具体的であり、普遍性をもつ真実といった意味合いでは使われずに、実際的な状況の示唆に終始している。

第五項　「やまと」としての「心」

『源氏物語』の「事の心」は、隠されている事実という意味で基本的には使われており、それぞれの状況において、個別具体的な事例を指示していることがわかった。したがって、宣長が「物のあはれ」の文脈で使っていた抽象的で普遍性をおびた真実という意味合いとは異なることは確かであろう。しかし、『石上私淑言』における宣長の「事の心」は、徐々にその輪郭を明確にし、具体性を帯びていくのである。

とかく問るゝまゝに、歌の道にやうなき事共を長〱しういひつゞけたる。うるさくこちたしと聞む人もあべかめれど、是はた大かたの事のこゝろをわきまへしらん道のたつきともなりぬべければ、すゞろごといはむやうにもあらじをや(108)。

一見、歌の道に関係がないようなことを長々と書いてきたが、これらは「事のこゝろをわきまへしらん道」の「たつき」（手がかり）という。つまり、ここまでに記述してきたことを知ることによって、「事の心」を得ることができると宣長は言っている。ではその長々と書かれた、表面的には歌には関係がないこととは何だろうか。

これは巻二〔五三〕からの引用であるが、この巻冒頭の〔二七〕から〔五三〕までは、一貫して国名につ

いて論じている。該当箇所の「石上私淑言内容細目」を挙げると次のようになる。(109)

〔二七〕やまとうた　倭歌《ワカ》
〔二八〕倭歌《ワカ》
〔二九〕やまとうた
〔三〇〕夜麻登《ヤマト》
〔三一〕やまとの名の始
〔三二〕〜〔三七〕惣名のやまと
〔三八〕やまとといふ名の意《ココロ》
〔三九〕私記のやまと説
〔四〇〕山外《ヤマト》山戸《ヤマト》などの説
〔四一〕八洲元《ヤシマモト》の略也といふ説
〔四二〕余材抄のやまと説
〔四三〕やまとに倭字《ワノ》をかく事
〔四四〕倭字を夜麻登《ヤマト》とよむ事
〔四五〕倭を和ともかく事
〔四六〕和字にあらためられし御世
〔四七〕和字

〔四八〕〜〔四九〕日本
〔五〇〕ひのもと
〔五一〕やまとに日本を用る始
〔五二〕やまとを日本とかく事
〔五三〕大日本　大和

最初は、「やまとうた」と「倭歌」というふたつの呼び名があることについて、先ず「倭歌」という文字が最初にあったことを指摘する。その「倭歌」という表現は、「古事記日本紀」には使われておらず、『万葉集』に二例あり、『古今和歌集』で「題号」となり、その「真名序」の書き出しが「それ和歌は」となっていることを提示する。それから「やまと」という呼び名の考察が始まる。


問云、やまとといふ名の意《ココロ》はいかゞ。

答云、此義つまびらかならず。古来其説おほくあれどみなわろし。ちかき世にもいひ出たる説あれど是等もあたらぬこと也。よりてつら〳〵おもひ求るに、山処《ヤマト》の意なるべし。……〔古事記万葉集の文例を引用解説〕大かたふる言に、此国をば山のめぐれるよしをもていへることのみ見えたる事右のごとく。(110)

問云、日本となづけられたるゆへはいかに。

答云、万国こと〴〵く光を仰ぎて、めぐみあまねき大御神《オホミカミ》の御国《ミクニ》なる故に、日《ヒ》の本《モト》つ国といふ意也。

また西蕃国《ニシノクニグニ》より見れば、日の出る方にあるも、をのづから其こゝろにかなへり。(111)

このような「やまと」を中心とした国名の探求といった「歌の道にやうなき事共」が、「事のこゝろをわきまへしらん道のたつき」となるという。宣長は、「事の心をわきまへしる故に、うれしき事も有、かなしき事もある故に歌有也」と主張していた。喜怒哀楽の感情の源に、「事の心」の知識としての習得があり、その手がかりに「やまと」があることになる。

国名とは、国の枠組みの根本であり、どこまでが私たちの国であるかの空間を定めているものとも言える。それは、国柄そのものであり、それをここでは歴史的に考察している。人が詠歌するための心の源流には、自分たちが住む国そのものがあることが、ここに「事の心」として明示されるに到るのである。

おわりに

『うつほ物語』以降の文学作品における「物の心」を考察し、宣長の「事の心」に到達した。もともとあった子供から大人への脱却としての感受性といった側面を、宣長は「物のあはれ」の文脈で展開することで、外部から得る知識としての側面を重視していった。それは、最終的に国という歴史や文化という「事の心」につなげていくための過程であったと考えられる。

『石上私淑言』の執筆前に、賀茂真淵と一夜のみの邂逅をしている。そこで古道論への道を真剣に開化させられたことが、国号考察の記述にもつながっているのだろう。しかし、すでに指摘したように『石上私淑言』は未完で終わっている。それは、「事の心」の「たつき」を、ここで簡単に記述したものだけでは、あまりに不完全であり、より深く探求する必要があると考えたからではないだろうか。もしかしたら、この一見「歌の道にやうなき事共」をさらに深く考察し終えた暁には、また『石上私淑言』の執筆を再開する予定だったのかもしれない。

しかし、宣長の古事記研究が終了するのは、これから三五年後のことになる。そして、それは時間の隔たりの問題だけではなく、古道論への考察を通して、「物の心」「事の心」を含んだ宣長の「物のあはれ」論自体が瓦解していくのである。それについては、次章以降で検証していきたい。

註

(1)「家のむかし物語」第二〇巻、二七頁
(2) 前同、二八頁
(3)「玉勝間」、第一巻、八五頁
(4)「書簡」、第一七巻、二〇頁
(5) 宣長の歩み(一)〜(四)は、岩田隆『本居宣長の生涯 その学の軌跡』(以文社、一九九九年)と、『全集』の解題に多くを教わっている。
(6)『排蘆小舟』全六十六項のほとんどは、力点のおきかたの強弱はあるものの、「石上私淑言草稿」の綱目に収めることができる」(高橋俊和『本居宣長の歌学』和泉書院、一九九六年、一五〇頁)
(7) 前同、一五一頁
(8) 本居宣長の「物のあはれ」を中心とした「物の心」・「事の心」についての先行研究については、註88を参照。

（9）『日本国語大辞典第二版』小学館、二〇〇三年。A、Bの記号は、本稿の便宜上、引用者がつけた。
（10）河野多麻校注『日本古典文学大系　宇津保物語一』岩波書店、一九五九年、五六頁
（11）前同
（12）前同
（13）『日本古典文学大系　宇津保物語二』岩波書店、一九六一年、三八七頁
（14）前掲『宇津保物語一』、九〇頁
（15）前同、七四頁
（16）前同、七五頁
（17）『日本古典文学大系　宇津保物語三』、岩波書店、一九六二年、三九三―三九四頁
（18）前同、三九七頁
（19）前同、四二一頁
（20）前同、三九四頁
（21）中野幸一校注・訳『日本古典文学全集　うつほ物語（3）』小学館、二〇〇二年、四四六頁
（22）前掲『宇津保物語三』、四七四―四七五頁
（23）前掲『宇津保物語一』、八三頁
（24）松尾聡・寺本直彦校注『日本古典文学大系　落窪物語　堤中納言物語』岩波書店、一九五七年、一九二頁
（25）前同、一二八頁
（26）関根賢司「源氏物語〈物の心〉攷」（『國學院雑誌』第一〇〇巻第六号、一九九九年）
（27）阿部秋生・今井源衛・秋山虔・鈴木日出男校注、訳『新編日本古典文学全集　源氏物語（1）』小学館、一九九四年、二一頁
（28）前掲「源氏物語〈物の心〉攷」、六七頁
（29）前掲『源氏物語（1）』、三一四頁
（30）前掲「源氏物語〈物の心〉攷」、六八頁
（31）前掲『源氏物語（1）』、三二一頁
（32）前掲『源氏物語（1）』、三一二頁

(33)前掲「源氏物語〈物の心〉攷」、六八頁
(34)前掲『源氏物語(2)』、二二四頁
(35)前同、二二五頁
(36)前同、二二六頁
(37)前同
(38)前掲「源氏物語〈物の心〉攷」、六九頁
(39)前同、六七頁
(40)前掲『源氏物語(1)』、二四八頁
(41)前掲『源氏物語(3)』、一九九五年、三七九頁
(42)前掲「源氏物語〈物の心〉攷」、七八頁
(43)池田亀鑑、秋山虔校注『紫式部日記』岩波文庫、一九六四年、八六頁
(44)前同
(45)小町谷照彦校注『新日本古典文学大系　拾遺和歌集』岩波書店、一九九〇年、一〇頁
(46)池田利夫校注、訳『新編日本古典文学全集　浜松中納言物語』小学館、二〇〇一年、三二四頁
(47)大槻修、森下純昭、今井源衛、辛島正雄校注『新日本古典文学大系　堤中納言物語　とりかへばや物語』岩波書店、一九九二年、三四九頁
(48)小町谷照彦・後藤祥子校注・訳『新編日本古典文学全集　狭衣物語一』、二〇頁
(49)前同、二九頁
(50)『新編日本古典文学全集　狭衣物語二』、二〇〇一年、六〇頁
(51)前同、二〇二頁
(52)前同、三九三—三九四頁
(53)前同、三九五頁
(54)ただし『狭衣物語』にも、次のような使用例がある。「下絵の心ばへ、人よりことなる御文のほどのしるしなめれ、あまたとり散らして、墨こまやかに押し磨りつつ書きたまふ。げに、などてかは、少し物の心知らん人の心にしめきこえざらん、と見ゆ

るに」（前掲『狭衣物語一』、三四頁）。端午の節句の折、狭衣が贈る歌について、料紙の下絵や墨など、大変細やかな配慮がされており、少しでも「物の心知らん人」ならば、その手紙の形態からだけでも、狭衣の君の心が分かるであろうという意味であり、ここには、物事の道理というよりは、物事の情緒や、美的情緒などという意味になっている。この「人」も、恋のやりとりであり、子供を想定していない。

(55) 山中裕・池田尚隆・秋山虔・福長進校注、訳『新編日本古典文学全集　栄花物語（1）』小学館、一九九五年、四六頁

(56) 前同、四七頁

(57) 前同、三〇二頁

(58) 前同、二六四頁

(59) 『新編日本古典文学全集　栄花物語（3）』、一九九八年、一三七頁

(60) 市古貞次校注『方丈記』岩波書店、一九八九年、一〇頁

(61) 『日本古典文学大系　宇治拾遺物語』岩波書店、一九六〇年、一一一頁

(62) 前同、一六五頁

(63) 前同、二六八頁

(64) 前同、一六五頁

(65) 後藤丹治・釜田喜三郎校注『日本古典文学大系　太平記一』岩波書店、一九六〇年、三二三―三二四頁

(66) 佐佐木信綱が『賀茂真淵と本居宣長』（湯川弘文社、一九三五年）にて、次のように記すことで、それ以降通説になった。「旧派歌学に比較的同情の態度があったこと、契沖に対する感激の情の鮮新なること、石上私淑言紫文要領等に屡々見えた『もののあはれ』の語のわづかに述べられたること、これらの点は、本書の作られた年代に対して、ほぼ暗示するものがある。すなわち彼が京都在学中契沖著を精読してから松坂に帰るまでの間に成ったものであろう」（「排蘆小舟と宣長の歌論」、二四八頁）

(67) 佐藤盛夫「石上私淑言以前に於ける宣長翁の国学」（『国文学』、一九二九年四月）、岩田隆「『排蘆小舟』の成立に関する私見」（『国語国文学』、一九六四年十一月）、尾崎知光「『排蘆小舟』は宝暦八・九年の作か」（『文学・語学』、一九七二年九月）、高橋俊和「『排蘆小舟』述作の由来と成立」（『国語国文』第六十巻三号、一九九一年三月）等

(68) 『全集』収載の『排蘆小舟』と『石上私淑言』には格段にそれぞれ通し番号が付してあり、それぞれ〔一〕～〔六六〕、〔一〕～〔一〇三〕という表記で記されている。本書でもそれに倣う。

(69) 岩田隆『宣長学論考』桜楓社、一九八八年、第一章「宣長における文学論の生成」、同著『本居宣長の生涯 その学の軌跡』以文社、一九九九年。
(70)「排蘆小船」、第二巻、二八頁
(71) 鈴木淳・小高道子校注、訳『新編日本古典文学全集 近世随想集』小学館、二〇〇〇年、二九五頁
(72) 石川淳編『日本の名著 本居宣長』中央公論社、一九七〇年、九九頁
(73) 前掲「排蘆小船」、二八頁
(74) 佐伯梅友校注『古今和歌集』岩波文庫、一九八一年、九頁
(75) 前掲「排蘆小船」、三八頁
(76) 橋本不美男・有吉保・藤平春男校注・訳『新編日本古典文学全集 歌論集』小学館、四五〇頁
(77) 近世における歌論での「物の心」の使われ方としては、『去来抄』(向井去來が松尾芭蕉からの伝聞、蕉門での論議、俳諧の心構え等をまとめた俳諧論書)もある。
「梅白しきのふや鶴をぬすまれし　芭蕉
去来曰く『古蔵集』にこの句をあげて、先師のうへをなじり倒しなり。これらは物のこころをわきまへざる評なり。この句、追従に似たりとなり。」(奥田勲・表章・堀切実・復本一郎『新編日本古典文学全集 連歌論集 能楽論集 俳論集』小学館、二〇〇一年、四九二―四九三頁)
芭蕉の句は、梅林の白梅が見事であり、この梅を愛して山荘に籠る亭主は、孤山に隠れて梅と鶴を無上に愛した林和靖を偲ばせるが、和靖なら飼っているはずの鶴が見えぬのは、昨日あたり盗まれでもしたのですかな、という意味だが、「梅を愛して山荘に籠る亭主」とは、三井秋風のことである。この句に対して『古蔵集』では、松坂出身の富豪でもある秋風に媚びへつらっているという批評があるが、それは「物のこころ」をわきまえない、間違った評であると去来は憤っているのである。したがって、松尾芭蕉の本当の気持ちや句の読解力がないことを、「物のこころをわきまへ」ないとされている。
(78)「紫文要領」、第四巻、一五頁
(79) 前同、一六頁
(80) 前同、一八頁
(81) 前同

(82) 前同、五七頁
(83) 前同、一九頁
(84) 前同、二一頁
(85) 前同、二二頁
(86) 前同、二七頁
(87) 前同、三八―三九頁
(88) 前同、五七頁。相良亨はこの箇所を対象として、次のように述べている。「当初においては主体の内面に思うことの何らかの実質があり、それを表出することが歌であるとする傾きがあったのに対して、後には、対象的世界そのものに内容があり、主体はこれを感受し、感受したものを表出するのが歌であると、対象的世界、人間がその中にいる世界がクローズアップされてきたことである。」（『本居宣長』東京大学出版会、六三頁）
　また山下久夫は、次のように述べる。「宣長の出会う以前から「めでたき花」と決まっていた。これが「事の心」だ。個々の内的真実などとは無関係に伝統的に培われた和歌的共同体の心性としてある。「物の哀をしる」人間とは、すでに眼前にある「事の心」をじっくり味わい、そこに己の「心」を「自己同一化」する意＝「其しなにしたかひて感する」能力に長けた者をいうし、その逆が「物の哀しらぬ」人間ということになる。」（『本居宣長と「自然」』沖積舎、一九八八年、五四頁）
　また東より子は、次のように述べる。「たとえば「うれしかるべき事」や「かなしかるべき事」に出会うと、その「事の心をわきまえしる」のでうれし、かなしと思うという「物のあはれ」論では「あはれなる情」もそのある「べき」模範となる型があり、自由奔放な心情の発露などではありえないことが述べられている。……宣長の文学論の精髄は、人生におけるさまざまな意欲や感情を自己の主体性において能動的に表出するのではなく、『源氏物語』や『新古今集』などにすでに完璧なまでに示されている生のあり方をわがもののごとく準えることにあったのである。」（『宣長神学の構造―仮構された「神代」』、ぺりかん社、一九九九年）
　杉田昌彦は、「事の心」の認識を共有するこの「物のあはれ」を、二者間の同情と共感のメカニズムとしている（「『物の哀をしる』ことの意義―『紫文要領』について」『国語と国文学』第七二巻六号、一九九五年）またこうしたメカニズムを政治思想史的観点から論じたものに、渡辺浩「『道』と『雅び』―宣長学と『歌学』派国学の政治思想史的研究（1～4）」（『国家学会雑誌』八七巻九～一二号、八八巻三号～六号）がある。

本章では、以上の議論をふまえつつ、「物のあはれ」ではなく、「物の心」「事の心」に注目し、文学史的流れの中で検証することで、宣長の用例上の特徴を明らかにすることを目的としている。

(89) 前掲「紫文要領」、五七頁

(90) ただし、「紫文要領」序盤には、「物の哀をしる事は、物の心をしるよりいで、物の心をしるは、世の有りさま、人の情のやうをよくしるよりいづる也」(前掲「紫文要領」、一八頁)という説明があり、ここでは、「物の心」を知ることが「人の情」を知ることになっており、この時点では、まだ「物の心」と「事の心」の違いは、宣長の中でもまだ明確ではなかったと考えられる。

(91)「石上私淑言」、第二巻、八七頁

(92) 前同、八七—八八頁

(93) 前同

(94) 前同

(95) 前同

(96) 前同、九九頁

(97) 前同

(98) 前同、九九—一〇〇頁

(99) ただし「物の心」と同様に、「事の心」も削除されている。それは、そもそもの「物のあはれ」という概念自体に、大きな変化があったと考えられるためであり、それについては第三章で検証している。

(100) 前掲『源氏物語(2)』、二三〇頁

(101) 前掲『源氏物語(3)』、三〇〇頁

(102) 前同、一七〇頁

(103) 前同、一九〇頁

(104) 前掲『源氏物語(2)』、三八三頁

(105) 前掲『源氏物語(4)』、三七七頁

(106) 前掲『源氏物語(3)』、二一二頁

(107) 前同、二一二頁

(108) 前掲「石上私淑言」、一四四頁
(109)「石上私淑言内容細目」、第二巻、一九九―二〇〇頁
(110) 前掲「石上私淑言」、一三三頁
(111) 前同、一四一頁

第二章　「真心」と国―「直霊」から「直毘霊」へ

本章では、「直霊」から「直毘霊」への改稿を議題とするが、まずはそれらが書かれるに至った背景をみておきたい。

宣長の歩み（二）

道の学びは、まづはじめより、神書といふすぢの物、ふるき近き、これやかれやとよみつるを、はたちばかりのほどより、わきて心ざし有しかど、とりたててわざとまなぶ事はなかりしに(1)

宣長の「道の学び」への興味は早くから芽生え、特に二〇歳を過ぎた頃からその関心は「心ざし」として明確になっていた。しかし、そこで問題となったのは、教えてくれる先生がいないということであった。

師と頼むべき人もなかりしほどに、われいかで古のまことのむねを、かむかへ出む、と思ふこゝろざし深かりしに(2)

そうした思いを持ちながら、京都遊学を終え、松坂に戻ってくる。開業し医者として忙しい日々を過ごしながらも、歌会や講義を始めたことはすでに前章で確認したが、そうしたときに一冊の書物に出会うのである。

かの冠辞考を得て、かへす〳〵よみあぢはふほどに、いよ〳〵心ざしふかくなりつゝ、此大人をしたふ心、日にそへてせちなりしに(3)

江戸から来た知り合いに渡された『冠辞考』にすっかり魅せられた宣長は、その作者である賀茂真淵に、求め続けてきた「師」の姿をみいだす。そして彼を敬慕する気持ちが強まったころ、真淵は伊勢神宮の参拝のため、松坂に立ち寄ることになる。それを知った宣長が宿に会いに行くことで実現したのが「松坂の一夜」であった。

一夜やどり給へるを、うかゞひまちて、いと〳〵うれしく、いそぎやどりにもうでて、はじめて見え奉りたりき(4)

そこで宣長は、古事記注釈の試みについて打ち明けると、真淵は次のようにいう。

神の御書《ミフミ》をとかむと思ふ心ざしあるを、そはまづからごゝろを清くはなれて、古のまことの意をたづ

ねえずはあるべからず。然るにそのいにしへのこゝろをえむことは、古言を得たるうへならではあたはず[5]

『古事記』に書かれた「いにしへのこゝろ」を正しく読み解くには、「古言」を正確に身につけなければならない。真淵はそのために『万葉集』を学んできたが、「すでに年老」いてしまい、「神の御書」までにはとりかかれそうにもない。そうして次のように宣長を励ます。

いましは年さかりにて、行さき長ければ、今よりおこたることなく、いそしみ学びなば、其心ざしとぐること有べし[6]

こうして真淵が万葉集研究から始めた「古のまこと」への探究は、宣長に託されることになる。そして始められたのが、宣長の古事記研究であった。少なくとも晩年の宣長はこのように回想している。

以降の宣長の生活も少しみておきたい。

宝暦一二（一七六二）年、三三歳のときに深草たみ（結婚後改名し勝となる）と結婚し[7]、真淵と対面する三か月前に長男の春庭が生まれている。宣長は生涯二男三女をもうけ、それは五人の子どもたちの成長という変化に富んだ生活であったことを思わせるが、そんな中でも宣長自身は決まった時間割で毎日を過ごした。

朝起きたら神様への遙拝をし、昼間は医業に務める。ただし、嶺松院歌会も含め、月に三回の歌会は午後のスケジュールに組み込まれており、その際は休業をする。夕飯が終わると、三日に一度、多いときで隔日、奥座敷で講釈をおこなう。

最初の講義は、宝暦八（一七五八）年夏に、浅原義方の発案で開始した『源氏物語』であり、テキストは北村季吟『湖月抄』を使用した。同九年三月からは『伊勢物語』、翌一〇年には『土佐日記』も日を変えて開講する。その後、『日本書紀』（明和元年以降）と『史記』も加えられ、こうした講釈は四〇年以上続けられることになる。

その講義が終わってから寝るまでが自身の勉強の時間であり、『古事記伝』を代表とする書物のほとんどはこの時間帯に書かれることになる。医業だけにとどまることない、この学問にかける熱意は、生来の気質や好奇心に加えて、前章で見た水分の神の意思や、真淵から託されたという思いがあったのではないかと想像できる。

「直霊」はそうしたなかで書かれたものであり、奥座敷のテキストに使われた唯一の自著でもある〈安永三（一七七四）年一〇月一六日以降一三回〉。それでは、まずその成稿過程を確かめるところから始めたい。

はじめに

宣長の「直毘霊《なほびのみたま》」という著作には、「此篇《このくだり》は、道といふことの論《あげつら》ひなり」という題注が付けられており、宣長の古道論や神観の要諦が明記されているとして周知のものである。寛政二（一七九〇）年刊行の『古事記伝』一之巻の一章として収載されることで広く世に知られ、宣長の死後、文政八（一八二五）年に単行本となる。

この「直毘霊」は、同じく宣長の手による「直霊」という述作を改稿したものである。同じ「なほびのみたま」と読むこの書は、明和八（一七七一）年に成稿しており、漢字の訓み、漢字・平仮名表記、副詞・助詞・助動詞などの細かい修正はあるが、全体の構成や論理の展開に大きな違いはない。(8)それは、「直毘霊」には「明和の八年《ヤトセ》といふとしの、かみな月の九日の日」と、「直霊」完稿の日付をそのまま踏襲していることからも、宣長自身も「直霊」の段階でほぼ完成していたと捉えていたことがうかがえる。この「直霊」から「直毘霊」への改稿について、その差違そのものを正面から取り上げ、主軸とした論考は管見ながら見当たらない。

本章では、この「直霊」と「直毘霊」の違いに着目したい。この二書には実際は二〇年近くの隔たりがあり、しかも、前者は、古事記研究に着手したとき、後者は、はじめて『古事記伝』が刊行されるに至る時期ということで、宣長の思想に何の変化もないとは考えづらい。実際ここには、確かな違いがみいだせるのである。

第一節　「直霊」と「直毘霊」の相違

「直霊」の成稿は、明和八年一〇月九日、宣長が四二歳のときである。それから一九年後の寛政二（一七九〇）年九月に『古事記伝』初帙（一～五之巻）は刊行され、そこに「直毘霊」が収録される。宣長が改稿作業をしたのはこの間ということになるが、この範囲はもう少し狭めることができる。

そもそも「直毘霊」に至るまでの自筆稿本は、「直霊」も含めて三種類確認されている。(9)

第一稿「道テフ物ノ論」明和元（一七六四）年以降、同四年（一七六七）五月以前成立
第二稿「道云事之論」明和五年以降、同八（一七七一）年以前成立
第三稿「直霊」明和八年一〇月九日成立

宣長は、安永三（一七七四）年一〇月から一一月にかけて「直霊」をテキストにして講釈を行っている。『源氏物語』『古今集』『枕草子』『史記』などを扱う古典講釈は四〇年以上続けられたが、題材になった自著は唯一「直霊」だけである。

また「直霊」と内容的に一致する版下用の一紙が存在し、その裏には『古事記伝』十六之巻の草稿らしき文面がある。古事記上巻の最終巻である巻十六・十七の浄書が完成したのは安永七（一七七八）年であり、これは『古事記』上巻の注釈終了をめどに、「直霊」の刊行を具体的に構想していたためと考えられる。実際には『古事記伝』一之巻の最終章として「直毘霊」が収載されることからも、総括的な古道論を示すために『古事記伝』に先立つ独立した書籍として「直霊」を出版するということは、十分に想定できることである。

ではなぜ、すでに講釈のテキストとして使用し、刊行までを視野にいれていた内容を、「直毘霊」へと修正したのだろうか。そこにはひとつの論争が関係していると思われる。

安永九（一七八〇）年九月六日に、尾張の門人である田中道麿を通じて、市川多門という儒者から「直霊」に対する批判書『まがのひれ』が寄せられる。宣長はそれから三か月も経ないうちに、再批判書とも言える『くず花』を書き上げる（脱稿日は一一月一一日）。その内容は『まがのひれ』をほぼ順を追って引用

し、逐一批判を加えるというものである。『まがのひれ』自体が同様の構成で「直霊」の文章を引いているため、『くず花』執筆の作業は、九年の時を経て、あらためて自著と向き合う機会であったといえる。

もともと宣長は議論の有益さについて、「直霊」成立の数か月後に書かれた谷川士清《ことすが》宛の手紙（明和九年むつき二二日付）で次のように書いている。

すへてあらそひ也とて物を論せぬハ、道を思ふ事のおろそかなる故也。たとひあらそひても、道を明らかにせんこそハ、学者のほいにて候はめ。又よしあしをたかひに論するにつけて、我も人もよきことをふと思ひうる物にし候へハ、議論ハ益おほく候事也。(10)

議論をしないということは、「道」への思いが疎かであり、「道」を明らかにするという学者の本意からすれば、論ずることは、双方とも「よきことをふと思ひうる」という点で、非常に有益なものであると述べている。この書簡の二年後に、「直霊」講釈を行ったという事実は、門人達の間で話し合いを起こし、「道」の内容を深める目的があったと考えられる。その議論による有益性を再び宣長に思い起こさせたのが『まがのひれ』だったのではないだろうか。そうした流れの中で市川との論争を見てみると、『くず花』の激越した論調から受ける印象とは異なり、自説に固執することなく、「道」を明らかにするための宣長の貪欲で謙虚な姿勢を垣間見ることができる。それは例えば次の書簡に顕著である。

尾張辺より拙生か直霊ノ書ヲ論破仕候まがのひれと申す一冊子見え来り申候。通例之儒見ニ而、左のみ珍敷事も見え不申候へ共、余程骨ハ有之候物ニ御坐候。夫ニ付又々右ノ返答を致しかけ申候。出来次第両者共入御覧可申候間、思召被仰聞可被下候。[11]（荒木田尚賢宛、安永九年九月二七日付）

去年中名古屋人市川多門と申儒士、拙生が直霊ノ書ヲ難破致し候まがのひれと申書出来候ニ付、右ノ返答葛花《クズバナ》と申書二巻作り申候。右両者御覧被成度候ハヽ、追而入御覧可申候。此節ハ他へ借遣し在之候故、得上不申候。[12]（南川文璞宛、天明元年四月二九日付）

此くす花の義、市川氏も見られ候よし、評議ハいかゝ候哉。市川氏料簡承度、何卒再難も出来申候ハハ、拝見仕度候。此義御序ニ御物語可被下候。且又貴兄ノ思召ハいかゝ候哉。無御遠慮御評承度候所、一向何共不被仰聞候ハ、不本意候也。[13]（田中道麿宛、天明元年七月八日付）

高弟である荒木田尚賢《ひさかた》と南川文璞《ぶんぱく》に、『まがのひれ』と『くず花』両書を読み比べての評価を請い、論争相手の市川には、仲立ちをした田中道麿を通して『くず花』に対する見解を切に願い、再反論も出来次第、拝見したいという旨も記している。

残念ながら市川からの再反論書が届くことはなかったが、批判書を通してあらためて「直霊」と向き合うことで、「よきことをふと思」いつき、結果的に「直毘霊」への改稿につながったのではないだろうか。したがって、「直毘霊」が書かれたのは、『くず花』執筆後の安永九年以降と考えるのが妥当であろう。

第一項　禍津日神

先ず「直霊」から「直毘霊」への基本的な改稿内容について確認しておきたい。

題名表記が異なるが、両者とも「ナホビノミタマ」と訓み、本文とその自注という構成も同じである。ただし、「直毘霊」には【此篇《コノクダリ》は、道といふことの論ひなり】という副題がつけられ、漢字の訓み、漢字・平仮名表記、副詞・助詞・助動詞などの変更が散見する。例えば冒頭の本文とその自注をみてみよう。

> 大御国は、かけまくも畏き神祖天照大御神の御あれませる大御国にして、
> 万国に勝れたる所由は、まづこゝにいちじるし。国といふ国に、大御神の大御徳かゞぶらぬ国あらめやも。[14]（「直霊」）

> 皇大御国は、掛まくも可畏き神御祖天照大御神の、御生坐る大御国にして、
> 万国に勝れたる所由は、先こゝにいちじるし。国といふ国に、此大御神の大御徳かゞふらぬ国なし。[15]（「直毘霊」）

「大御国《オホミクニ》」が「皇大御国《スメラオホミクニ》」に、「神祖《カムロギ》」が「神御祖《カムミオヤ》」に代わっているが、これに関しては本節第四項で考察する。「カケマクモ」「カシコキ」「ミアレマセ」「マヅ」の表記や「所由」の訓みが訂正され、自注の文末が「あらめやも」から「なし」と断定的になっており、このような推敲が全編にわたって確認できる。

こうした修正は、基本的文章の整序といえる作業であり、内容として大きな変更がみられるわけではない。

それに対して、「禍津日神」についての変更は、全体の論旨に影響するものである。「直毘霊」は、三十三項目（三十四項目は奥書）の本文と、それぞれの注釈で成り立っているが、もともとの「直霊」は三十二項目（三十三項目が奥書）である。つまり本文が一項目増えているのである。

新しく書かれた本文は、第十六項目の「そもそも此天地《アメツチ》のあひだに、有とある事は、悉皆《コトゴト》に神の御心なる中に」である。しかしその自注は、「直霊」十五項目の「禍津日神の所為こそ、いともかなしきわざなりけれ。」の自注が、スライドするかたちで使われ、そのため空白となった「直霊」十五項目本文に相当する「直毘霊」十七項目の注釈は、新たに文章が書き下ろされている。

つまり、「直毘霊」に改めるにあたって、「直霊」の十五と十六項目の順番は逆になり、十六項目の本文と、十七項目の注が新たに書き加えられたことになる。

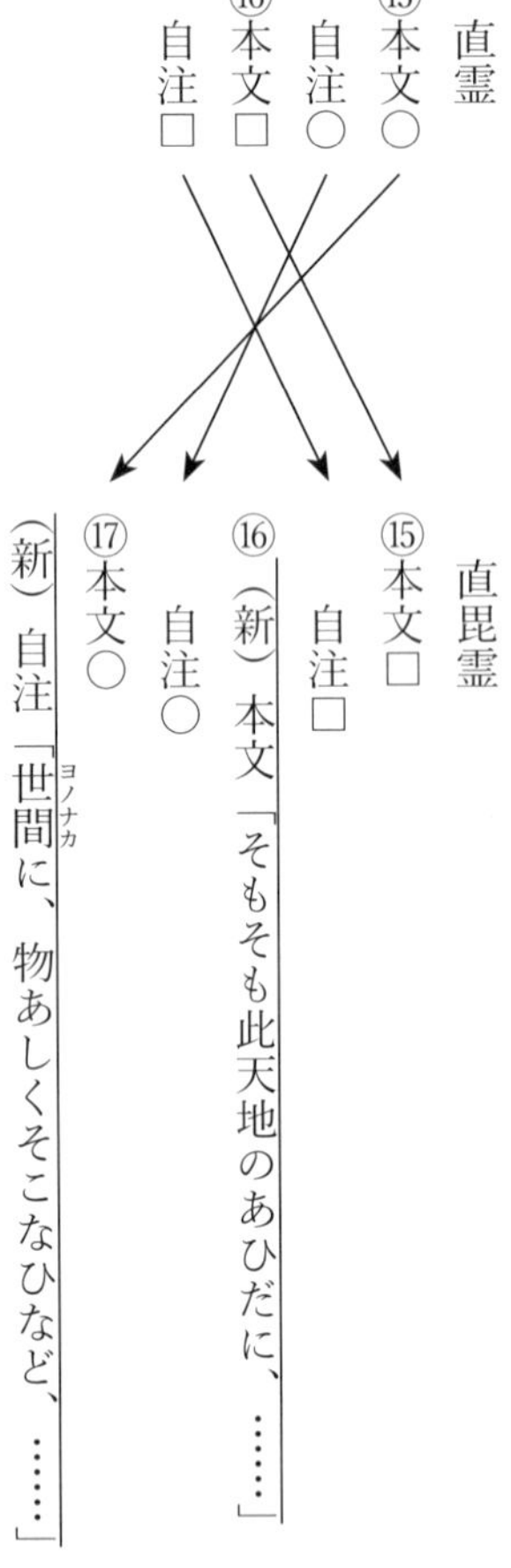

この修正には、どのような意味があるのだろうか。それを知るために、本文の流れを確認してみたい。注を省いたものを次にあげる。

⑬しかありて御世々々を歴るまゝに、いやます〱に漢国のてぶりをしたひまねぶこと盛になりもてゆきつつ、つひには天下の大御政もはら漢様に変はてて、⑭青人草の心まで然のみうつりはてぬる⑮禍津日神の所為こそ、いともかなしきわざなりけれ。⑯さてこそ、安けく平げくて有来し御国の、みだりがはしき事いできつゝ、異国にやゝ似たる事も、後にはまじりきにけれ。⑰然れ共……(16)（「直霊」）

⑬しかありて御世々々を経るまゝに、いやます〱に、その漢国のてぶりをしたひまねぶこと、盛になりもてゆきつつ、つひに天の下所知看す大御政も、もはら漢様に為はてて、⑭青人草の心までぞ、其意にうつりにける。⑯さてこそ安けく平けくて有来し御国の、みだりがはしきこといできつゝ、異国にやゝ似たることも、後にはまじりきにけれ。そも〱此天地のあひだに、有とある事は、悉皆に神の御心なる中に、⑮禍津日神の御心のあらびはしも、せむすべなく、いとも悲しきわざにぞありける。⑰然れども……(17)（「直毘霊」）

※文の移動が分かりやすいように、「直霊」該当文に同番号をつけた。

「直毘霊」では、⑮「禍津日神の……」と⑯「さてこそ、安けく……」の順番が前後し、その間に「そも〱此天地……」という新たな本文が挿入されている。

「直霊」では、「大御政」から「青人草の心」までも「漢様」になってしまった事実が、「禍津日神の所為」と先ず断定されている。そしてそれが、国全体に「みだりがはしき事」が起こるようになっていった原因としている。一方「直毘霊」では、政治や人の心が「漢様に為はてて」たこと、そのために乱雑なことが発生するようになったことは、「禍津日神」とは別の文脈で説明される。そこから一般的な世界のあり様として、「神の御心」が説かれ、その一例として「禍津日神の御心」が挙げられるという構造になっている。

そもそも禍津日神は、『古事記』上巻と『日本書紀』巻第一（第五段第六の一書）に出てくる、伊邪那岐命が黄泉の国で触れた穢れをきれいに洗い落とすために、筑紫の日向の橘の小門の阿波岐原で禊ぎ祓いをしたときに成った神である。『古事記』では「八十禍津日神」「大禍津日神」、『日本書紀』では「八十枉津日神」と表記されるが、前田勉が「禍津日神が人間の意思にかかわりなく災いをもたらす悪神であって、宣長の独創といってよいものである[18]」と指摘するように、記紀神話を超えて、宣長が独自の解釈をしている神である。『古事記伝』六之巻では、「さて世中にあらゆる凶悪事・邪曲事などは、みな元は此の禍津日の神の御霊より起こるなり」と説明している。

「直毘霊」第一七項目「禍津日神の御心の……」に、新たに付けられた自注は次のようになっている。

> 世間も、物あしくそこなひなど、凡て何事も、正しき理のまゝにはえあらずて、邪なることも多かるは、皆此神の御心にして、甚く荒び坐時は、天照大御神高木大神の大御力にも、制みかね賜ふをりもあれば、まして人の力には、いかにともせむすべなし。かの善人も禍り、悪人も福ゆるたぐひ、尋常の理にさかへる事の多かるも、皆此神の所為なるを、外国には、神代の正しき伝説なくして、此所由をえし

らざるが故に、たゞ天命の説を立て、何事もみな、当然理を以て定めむとするこそ、いとをこなれ(19)。

（「直毘霊」）

善人が報われ、悪人が罰せられるというのが「尋常の理《ヨノツネコトワリ》」であるが、残念ながら現実では「善人も禍ろ、悪人も福ゆる」ことが多く見られる。それは禍津日神の「所為」としている。「直霊」にはないこの文章が新しく加わったのは、やはり市川多聞との論争がきっかけになったと考えられる。

市川は『まがのひれ』にて、「善人は必ず福え悪人は必ず禍る事は、聊も違ひなきを、是れをしも疑ふは、『史記』伯夷が伝に本つけるにや(20)、かの伝はわざとおかしく云ひ廻して、文の巧を成したるものにて、実に天命を疑ひたるにあらず」として、「善人は必ず福え悪人は必ず禍る事」を疑う宣長を批判していた。

それに対して宣長はすでに『葛花』で次のように反論している。

悪人も福え善人も禍る事、近くは漢国にて、聖人と仰がるゝ孔丘も、一生不仕合にて過ぎ、亜聖といはれし顔回は、貧賤なるのみならず、短命にさへ有て、此両人子孫に至りて栄えし事だに聞えず。難者これらをば何とか解せんとする。世の中にはすべてかくの如く、道理に違へる事、今眼前にもいと多し(21)

そしてさらに「直毘霊」では、自注を新たに書き加えることで「禍津日神」の存在故に、「道理に違へる事、今眼前にもいと多し」という、私たちに人間にとっては不条理とも言える状況が、現実には多く見られることを説明している。しかし、その「禍津日神」の捉え方が「直霊」と「直毘霊」では少し異なっている。

禍津日神の所為こそ、いともかなしきわざなりけれ。(22)（「直霊」）

禍津日神の御心のあらびはしも、せむすべなく、いとも悲しきわざにぞありける。(23)（「直毘霊」）

「禍津日神《マガツビノカミ》の所為《シワザ》」が「かなしきわざ」と直結していた「直霊」から、「禍津日神の御心《ミ》のあらび」は、人にとって「せむすべなく」、そのために「悲しきわざ」であると「直毘霊」ではなっている。もうひとつの変更も併せて見てみよう。

万の厄はみな此神（禍津日神）の所為也。(24)（「直霊」）

尋常の理にさかへる事の多かるも、皆此神（禍津日神）の所為なる(25)（「直毘霊」）

前者は「直霊」第十五項目自注の冒頭にあった文章である。この注全体は「直毘霊」でもほぼ生かされて使われているのだが、この一文だけは削除されている。そしてこれに該当すると思われる文章が後者であり、これは新たに書かれた「直毘霊」第十六項目の自注内にある。ここで注目したいのは、禍津日の神のすることは、「万の厄《マガ》」ではなく、「尋常《ヨノツネ》の理《コトワリ》にさかへる事」に変わっている点である。

「尋常の理」について、「直毘霊」とほぼ同時期に書かれたと考えられる『古事記伝』二十三巻（明和八年浄書終）の中で、大物主大神の不可解な行動の理由を尋ねられた際の回答として、宣長は次のように述べる。

凡て神の御心御所為は、彼外国の仏聖人など云らむ者の如く、尋常の理を以て、此方よし、かにかく

に定めて論ふべき物には非ず。善も悪も、凡て測り難きことぞかし。(26)

市川多聞は、「善人は必ず福え悪人は必ず禍る」という「尋常の理」の存在を疑ってはいけないとしたが、宣長は、「神の御心《ミココロ》御所為《ミシワザ》」は、「尋常の理」では論ずることはできないとする。結局のところ、人には「善も悪も、凡て測り難きこと」なのである。

ここから、禍津日神がすることが「万の厄」から、「尋常の理にさかへる事」に代わったことも理解ができる。それは禍津日神がもたらすものは、〝絶対的悪しきこと〟ではなく、あくまで〝人が考える常識とは異なること〟なのである。「直霊」では、善いことは天照大御神に代表される善神がもたらし、悪いことは禍津日の神という悪神がもたらすという構造であった。そこでの悪は明確であり、疑いのない「厄」として存在していた。それに対して「直毘霊」での「邪なること」はあくまで人の世界の「尋常の理にさかへる」という点から説明される。つまり絶対的なものではなく、人という基準に拠るのである。明かな「厄」ではなく、あくまで人の常識からみれば、「厄」に見えるということ。それは究極的な善悪は人間には判断できないことを意味する（「善も悪も、凡て測り難きこと」）。

「悲しきわざ」の主語が、「直霊」では「禍津日神の御心のあらび」となったのも、単純な「禍津日神」＝悪という図式から脱却したかったためと思われる。それについてさらに考察するために、次項では「せむすべなし」という言葉について考えてみたい。

第二項　せむすべなし

「直毘霊」において宣長は、禍津日の神の心が荒れることに対して、「せむすべなく」という表現を付け加えた。なすべき手段や方法（「せむすべ」）がないということの表現は、『日本書紀』からすでにみられる。

　冬十月《ふゆかむなづき》の己亥《つちのとのゐ》の朔《ついたち》辛丑《かのとのうしのひ》に、和珥津《わにつ》より発《た》ちたまふ。時に飛廉《かぜのかみ》は風を起し、陽侯《うみのかみ》は浪を挙げて、海の中の大魚《おほいを》、悉《ふつく》に浮びて船《みふね》を扶《たす》く。則ち大きなる風《おひかぜ》順に吹き、帆船《ほつむ》波《なみ》に随ふ。艪楫《かぢかひ》を労《いたつ》かずして便ち新羅に到る。時に随船《ふな》潮浪《なみ》、遠く国の中に逮《みちおよ》ぶ。即ち知る、天神地祇《あまつかみくにつかみ》の悉《ふつく》に助けたまふか。新羅の王《こきし》、是に、戰戰慄慄《おぢわなな》きて昔身無所《せむすべなし》(27)。（日本書紀巻第九）

神功皇后の新羅遠征の場面である。皇后の船が対馬から出発すると、風神は風を起こし、海神は波を挙げ、海中の魚までも、その進行を助け、労することなく新羅に到着する。さらに海水が新羅陸上にまで満ち溢れ、その光景を見た新羅の王は、天神地祇がことごとく神功皇后を助けていることが分かり、おののき恐れ、なすすべがなく（「せむすべなし」）降伏することになる。

　ここでは神を対置して、人の力ではどうすることもできない状況を「せむすべなし」としており、宣長もこれに倣ったかの使い方をしている。

・まがつひのしわざは、せんすべもなきものなりけり(28)。（「玉かつま」）

・たゞまことならぬ、他の国の道々のみはびこりにはびこれるは、いかなることにか、まがつひの神の御こゝろは、すべなき物なりけり。[29]（「玉かつま」）

・かくの如く時有て、悪神あらび候へば、善神の御力にもかなはぬ事あるは、神代に其証明らか也。然ればゞ人の力にはいよ〳〵かなはぬわざなれば、せんかたなく、其時のよろしきに従ひ候べき物也。[30]（「答問録」）

特に、禍津日の神が引きおこすことに対して、「人の力」では、どうしようもないとする際に「せむかたなし」が使われていることが分かる。「直毘霊」の「禍津日神の御心のあらびはしも、せむすべなく、いとも悲しきわざにぞありける」も、このひとつである。

そもそも人智を越えることに対して、人が「賢しら」、つまり分かったかのように解釈することを宣長は非常に嫌う。例えば『古事記伝』七之巻に次のような記述がある。

世の識者、神代の妙理の御所為を識ることあたはず。此を曲て、世の凡人のうへの事に説なすは、みな漢意に溺れたるがゆゑなり。[31]

「識者」が、知ることの出来ない神代の「妙理《たへなることわり》」を、あたかも理解したかのように解釈し、世の人に広めていることを非難し、「漢意に溺れ」ていると表現する。この七之巻の浄書終了は明和九（一七七二）年九月八日であるため、その執筆時期は、「直霊」脱稿直後ぐらいと考えられる。実際「直霊」にも、同様の指摘が確認できる。

そも〱天地のことわりといふ物は、すべて神のしわざにて、さらにさらにはかりがたき物なれば、いかでかそを極め尽してよく知ことのあらむ。[32]（「直霊」）

ただし、この記述が「直毘霊」にはおいては次のように改正されている。

そも〱天地のことわりはしも、すべて神の御所為にして、いとも〱妙に奇しく、霊しき物にしあれば、さらに人のかぎりある智りもては、測りがたきわざなるを、いかでかよくきはめつくして知ることのあらむ。[33]（直毘霊）

「直霊」と比べると、その「測《ハカ》りがたき」理由を、神側と人側の両方からより子細に説明していることが分かる。すなわち「神の御所為《ミシワザ》」が「いともいとも妙《タヘ》に奇《クス》しく、霊《アヤ》しき物」であり、一方「人」の「智（サト）り」は「かぎりある」ものだからである。こうした委曲を尽くした表現への変更は、「直毘霊」二十五項目（「直霊」二十四項目）自注にも見られる。

大御国の言は神代より伝へこしまゝにして、人のさかしらを加へぬゆゑに、うはべはあさ〱と聞ゆれども、実にはそこひもなく深き意ある物を、たゞかの言美にまよひて、是をしらぬこそいとかなしけれ。[34]（「直霊」）

> 大御国の説は、神代より伝へ来しまゝにして、いさゝかも人のさかしらを加へざる故に、うはべはたゞ浅浅と聞ゆれども、実にはそこひもなく、人の智の得測度ぬ、深き妙なる理のこもれるを、其意をえしらぬは、かの漢国書の垣内にまよひ居る故なり。[35]（「直毘霊」）

禍津日の神に引きこまれて、ひたすらに中国の書物にばかり迷うことでは、本当の「道」を知ることはできないとする内容である。この注釈では、その原因として、私たちの国に伝わってきている話は、賢そうに飾りつけてはいないために、表面上は軽々しく聞こえてしまうが、本当は深くすばらしい真理が籠っていると指摘している箇所である。

その際の、「直霊」の「深き意《ココロ》ある物」が、「直毘霊」では「人の智《サトリ》の得測度《エハカラ》ぬ、深き妙《タヘ》なる理のこもれる」という表現に代わっている。絶対的価値として「深き意ある物」と提示することから、「人の智の得測度ぬ」（人智の及ばない）という、人からの基準をわざわざ挿入している。

人は神について理解することはできない。表面上は善であったり、悪であったりする事象も、結局のところ本当に神の御心がどうなのかは、人には判断することはできない。そういった人の智の限界を、「直毘霊」では強調している。そのために禍津日神が、単純な悪からはひきはがされ、「せんすべなく」という象徴的な表現がつけ加えられることになったのであろう。

ただ、こうしたあきらめにも似た宣長の態度は、実は古典研究を通して、「皇国」への強い信頼が確立したために可能になった言説と考えられるのである。

第三項　皇大御国

冒頭の文章にて、「直霊」の「大御国《オホミクニ》」と「神祖《カムオヤ》」が、「直毘霊」では「皇大御国《スメラオホミクニ》」と「神御祖《カムミオヤ》」に、それぞれ修正されていることはすでに指摘した。

当時、自国を称するとき、「日本」「本朝」「本邦」「吾国」「国朝」などが常用されていたが、宣長は「日本本朝本邦吾国などいふべきにあらず」[36]（『馭戎慨言』）とし、常に「皇国」ないし「皇大御国」の語を用いている。「皇国」は賀茂真淵が使用していた言葉であり、[37]それを踏襲したものと思われるが、「皇大御国」は、宣長の造語である。

「大御国」に「皇」をつけることにはどのような意味があるだろうか。例えば、伊勢神宮の内宮は、天照大御神を祭神とする上で、日本で最も尊貴されてきた神社であるが、その正式な社名は、「皇大神宮」である。これは大神宮よりもさらに尊いという意味で「皇」がついている。すなわち、最上級の神の宮ということである。それゆえに、「皇」がつけられる神社は、原則的に伊勢の内宮のみである。このように「皇」の字は、最も尊いという意味を持たせるときに、「大」の字の上に添えられる。したがって、「皇大御国」は「大御国」よりさらに国を讃えた総称と言うことができる。[38]

さらに「皇」には、天皇という意味がある。もともと「皇朝」という言葉は、当代の王朝を指す言葉として中国でも使われていた。また個別王朝においても、例えば明の時代は「皇明」、清は「皇清」と呼ばれ、この場合は、時の王朝ないし国家に対する、恭しい敬意を込めた美称である。[39]これに対し、賀茂真淵が積極的に使い始めた「皇朝」「皇国」という単語は、これとは全く異なり、天皇の国という意味が主である。そして天皇とは日本のみの存在であり、世界で唯一の存在がいるということ事態が、実は最大の尊意となる。

したがって、本来は「皇国」だけでも、他国と比較してわが国ほど尊い国はない、という意味になるのだが、さらに「皇大御国」という自称にした宣長の心情は、推して知るべしである。

また直霊の「神祖」を、直毘霊では「神御祖」に変えたことにはどのような意味がみいだせるだろうか。宣長は『古事記伝』で、次のように書いている。

> 御名義、高は美称なるべし。……御も美称なり。神産巣日神は、書紀には神皇産霊尊とありて、皇てふ一言多し。まことに高御産巣日神と並びたる御名なれば、此も必神御とあるべきことなり(40)

神産巣日神は本来、高御産巣日神と同様、「神御産巣日神」と「御《ミ》」の字があったという。高御産巣日神の「高」と「御」は、共に「美称《タタヘコト》であるのと同様に、「神御産巣日（カミムスビノ）神」の「神」と「御」も「美称」ということになる。したがって、「神御祖」の「神御」も「美称」として宣長は捉えていたと考えられる。したがって、「神御祖」とは神のご先祖という意味ではなく、尊貴な方、すなわち天皇のご先祖という意味でとるべきであろう。「直霊」の「神祖」も皇祖を表現したものであるが、「神御祖」となることで、修辞的には「高御産巣日《タカミムスビ》神」と同様の「美称」となったのである。

ここであらためて、冒頭の文章をみてみたい。

> 大御国は、かけまくも畏き神祖天照大御神の御あれませる大御国にして（「直霊」）
> 皇大御国は、掛まくも可畏き神御祖天照大御神の、御生坐る大御国にして（「直毘霊」）

宣長にとって、「直霊」から「直毘霊」への二〇年間とは、わが国は世界一尊い国であるという意識が、確信となる期間であったのではないだろうか。宣長は「道」を学び始める者たちに書いた『うひ山ぶみ』で、次のように書いている。

そもそも〱此道は、天照大御神の道にして、天皇の天下をしろしめす道、四海万国にゆきわたりたる、まことの道なるが、ひとり皇国に伝はれるを、其道は、いかなるさまの道ぞといふに、此道は、古事記書紀の二典に記されたる、神代上代の、もろ〱の事跡のうへに備はりたり。此二典の上代の巻々を、くりかへし〱よくよみ見るべし。……又件の書どもを早くよまば、やまとたましひよく堅固まりて、漢意におちいらぬ衛にもよかるべき也(41)。

これは宣長自身の経験から来ているのだろう。古典を読むことで、自分の「漢意《カラゴコロ》」を拭い去り、「道」を知ることができた。「道」が唯一伝えられている「皇国」への尊崇の念が確かなものになり、それはその国に生きる自分の存在の肯定にもつながる。それは「直毘霊」の次の表現の変化からも読み取ることができる。

天地のより合のきはみ、月日のてらし給ふ限は、いく万世を経れども天皇の御国也(42)（「直霊」）
天地のあるきはみ、月日の照す限は、いく万世を経ても、動き坐ぬ大君に坐り(43)（「直毘霊」）

外国では定まった君主がいないため、国が乱れるということを述べた後の箇所である。「直毘霊」では、

「動《うご》き坐ぬ」という修飾表現が新たに付け加えられている。昔も今も、そしてこれからもこの国は永遠に天皇の国であることは不動であり、そのために「万国に勝《スグ》れたる」[44]（直毘霊）国という確信が、宣長のなかで疑い得ないものとなったのであろう。

以上、「禍津日神」「せむすべなし」「皇大御国」に注目して、直霊から直毘霊の改稿にみられる、宣長の思想的変化をみてきた。この改稿とは、古典研究の深化において、「皇国」への絶対的信頼が確立したゆえにおこなわれた作業といえる。「皇国」への信仰とは、古事記への忠誠であり、その文章に無条件な真実をみいだすことである。もちろんその記述には、現実の常識から考えると疑わしいものもある。しかし、それは人の知性の限界として処理される。その結果として、厄の根源とされた「禍津日神」についても、その悪はあくまで人の常識においては、という但書がされる。

「直霊」では、過去に偉大なる価値の源泉を置き、そこからの繋がりにおいて現在を肯定していた。人がするべきことは歴史的文献から学ぶことであり、記紀などの古典を通して、過去に存在していたあるべき心を、現代の人も得ることができると宣長は考えていた。

一方で「直毘霊」の段階においては、人の智の限界が強調される。神のことを人は理解することはできない。それは、荒唐無稽ともいえる神話を、現実にあったこととは捉えることができない私たちの限界である。しかし、それは人の知性をシニカルに捉え、諦めたということではなく、古典研究を通して、「皇国」への絶対的信頼を獲得し、この国に生きることを無条件に肯定できるようになったとも言えるのである。

第二節　真心

第一項　削除された「真心」

前節でみたように、「直霊」から「直毘霊」への改訂とは、人の智の限界を強調し、禍津日神を悪神とするような単純な善悪二元論の世界観から脱却をする作業であったといえる。しかし、そうした場合、ひとつの疑問が湧く。

人には、明確な悪が分からないということは、その逆の何が善なのか、何が正しいのか、何が真実なのかも、人の知性では判断できないということになるのではないか。そのことについて宣長は、どのように捉えているのか。それを宣長の使う「真心」という言葉から考えてみたい。

「真心」という単語は、自筆稿本第二稿「道云事之論」の第二十七項目にみられるが、先ずその端緒となる第一稿「道テフ物ノ論」の同じ箇所を確認しておきたい。

> 大御国ノ古ヘハ、タヽ同母兄弟ヲノミヒラヒシ事、古書ニ見エテ、異母兄弟ナト夫婦マセル事ハ、天皇ヲ始メ奉テ、下マテヨノツネニシテ、今ノ京ニナリテ後マテモサラニ忌事ナカリキ。コレソ神祖ノハシメ玉ヘル正シキ実ノ道ニハアリケル。然ルヲ後世ハ、コレヲ心ヨカラス思ヒテキラフ事ニナリヌルハ、儒学サカリニ行ハレテ世々ヲヘツルユヘニ、オノツカラソノ心ノウツレルモノニシテ、モトヨリノ人情ニハアラス[45]

異母兄弟の婚姻の是非について述べた箇所である。本来の「御国」の「正シキ実ノ道」からすると、禁忌の対象は同母兄弟についてのみであり、異母兄弟までもその範疇としたのは「後世」の「儒学」による誤った風習であり、「モトヨリノ人情ニハアラス」と述べる。異母兄弟の結婚という、かなり限定された内容ではあるが、はっきりと何が正しく、何が間違っているのを明確に主張しているところである。

これが第二稿「道云事之論」では次のように書き改められる。

大御国ノ古ハ、タヾ同母兄弟ノミ嫌テ、異母ノ兄弟ナド御合坐シコトハ、天皇ヲ始メ奉テ、凡テ尋常ニシテ、今ノ京ニナリテ後マデモ忌コトナカリキ。是ゾ神祖ノ始メタマヘル正シキ真ノ道ナリケル。然ルヲ後世ハコレヲ心善カラズ思ヒテ、凡テキラフ事ニナリヌルハ、儒学サカリニテ世々ヲヘツル故ニ、オノヅカラ其心ノウツレルモノニシテ、元ヨリノ真心ニハアラズ(46)。

第一稿の「正シキ実ノ道」の「人情」が、「正《タダ》シキ真《マコト》ノ道」の「真心《マゴコロ》」となっている。そしてこの箇所は、第三稿「直霊」では次のような叙述となる。

御国の古は、たゞ同母兄弟をのみ嫌ひて、異母の兄弟など御合坐る事は、天皇をはじめ奉て、大かたよのつねにして、今の京になりてのこなたまでもすべて忌ことなかりき。但し貴き賤しきへだてはうるはしく有て、おのづからみだりならざりし。これぞ神祖のはじめ給へる正しき真の道なりける。然るを後の世には兄弟の婚などを、こゝろよからず思ひて、異母《コトハラ》なるをもすべてきらふ事になりきぬるは、漢学さかりにて世々を経つゝ、御国心うせはてつる故に、おのづからかのからごゝろにうつれる物にして、元来の真心にはあらずかし。[47]（「直霊」）

ここは宣長の著述において「からごゝろ」（「漢意」）という単語が初めて登場する箇所である。「からごゝろ」と「御国心《ミクニゴコロ》」とが対立項として示され、後者こそが「真心」とされる。ただし、この一連の文脈は、「直毘霊」では全て削除され、書き換えられる。

皇国の古は、たゞ同母兄弟をのみ嫌ひて、異母の兄弟など御合坐しことは、天皇を始め奉て、おほかたよのつねにして、今京になりてのこなたまでも、すべて忌ことなかりき。但し貴き賤きへだては、うるはしく有て、おのづからみだりならざりけり。これぞこの神祖の定め賜へる、正しき真の道なりける。然るを後世には、かのから国のさだめを、いさゝかばかり守るげにて、異母なるをも兄弟と云て、婚せぬことになも定まりぬる。されば今世にして、其を犯さむこそ悪からめ、古は古の定まりにしあれば、異国の制を規として、論ふべきことにあらず。[48]（「直毘霊」）

「正しき真《マコト》の道なりける」まではほぼ同文であるが、それ以降が完全に改変されている。これまでは、「モトヨリノ人情ニハアラス」「元ヨリノ真心ニハアラズ」「元来の真心にはあらずかし」と結論付け、ある種の正しさを提示していた。それが「直毘霊」では、今は今、昔は昔の決まりや習慣があるため、あえて論じるべきことではないとしている。ここには、絶対的な価値判断から、相対的な見方への移行のようなものを感じる。

他にも草稿段階でみられた「真心」が、最終稿にて消された例がある。

> 漢籍ノ趣、千有余年世人ノ心ニ染ツキタル故ニ、カラ書ヲ見ザル人トイヘドモ、心ハミナカラ心ナリ。サレハ今ノ世ノ人ノ心ニ、カクアルヘキ理ソ、カクハアルマシキ理ソト思フ事ハミナカラ心ニシテ、真心ニアラスト云事ヲサトリテ、心ヲムナシクシテ、ツユバカリモ私ノ心ヲマシヘス、古典ノマヽニ心得ルニアラデハ、凡て神国ノ意ハ得ル事アタハズト知ヘシ[49]。

天明年間は宣長にとって論争の時期と言われ、いくつか論駁書が存在する。その一つに藤貞幹《とうていかん》（享保一七〈一七三二〉年～寛政九〈一七九七〉年）の『衝口発《しょうこうはつ》』に抗して書かれた『鉗狂人《けんきょうじん》』（天明五年一二月）がある。ここに挙げたのは、それに先だって執筆された草稿「衝口発論駁《ろんばく》の覚書《おぼえがき》」（同年成稿）である。「漢籍」を読まない人であっても、長い間の習慣から「カラ心」に侵されているとする、後に『玉勝間』で詳細に展開される論の萌芽が見られる。その「カラ心」の対立項として、ここでも「真心」が確認できるが、『鉗狂人』ではこの単語は見られない。

> すべて神代の伝説《ツタヘゴト》は、みな大に霊異《アヤシ》くして、尋常の事理にことなる故に、人みな是を信ずることあたはず。世々にこれを解釈する人も、おのが心のひくかたにさま〴〵いひ曲て、今日の事理にかなふさまに説なすめれ共、そはみな漢籍意に惑ひたる私ごと也[50]。

すべて人の智は、かの聖人といふ者といへ共、限有てなほえ知らぬ事はいと多きを、ましてその聖人にも及ばぬ人をや。今論者神代の年数を信ずることあたはざるも、此漢意に惑ひおぼれて、まことの理の測《ハカリ》がたき事を思はず、天地の始終の甚久遠なるべきことを思はざるより起れり[51]。

この箇所に限らず、『鉗狂人』には「漢意」が三例、「漢籍意《カラブミゴコロ》」が七例確認できるのだが、その全ての文脈に「真心」はみられない。「衝口発論駁の覚書」では、対立項としてあげられながら、最終的に削られているのである。

またこの『鉗狂人』を上田秋成《うえだあきなり》（享保一九〈一七三四〉年〜文化六〈一八〇九〉年）が批判した『鉗狂人上田秋成同弁』を、再び宣長が論駁した「呵刈葭《かかいか》」にも同様のことが言える。

抑皇国は四海万国の元本宗主たる国にして、幅員のさしも広大ならざることは、二柱大御神の生成給へる時に、必さて宜しかるべき深理あることとなるへし。其理はさらに凡人の小智を以てとかく測り識へきところにあらす。かくいはば又例の不測に託すといふへけれど、不可測なることは不可測といはで何とかいはむ。不可測をしひて測りいはむとするは、小智をふるふ漢意の癖也[52]。

〔藤原定家の小倉山荘百枚の色紙は一首一枚であるはずなのに、巻頭の色紙を十人がもっていると主張するという喩えを引いて〕もしよく漢意のなまさかしらを清く洗ひ去て、濁なき純一の古学の眼を開きて見る時は、神代の吾古伝説の妙趣ありて真実の物なること、おのつから明白に分れて、かの九枚の贋物とはいさゝかもまぎるゝことなかるへし(53)。

「呵刈葭」でも「漢意」が一一例現れるが、「真心」がその文脈に登場することはない。いったん「漢意」として登場した「真心」が、確かな概念として確立されず、試行錯誤のなかで移ろっていることが、こうした例からみてとれる(54)。

前章で、「直霊」から「直毘霊」への改訂にあたっては、市川多門による批判書『まがのひれ』がきっかけではないかという指摘をした。それに対する宣長の反論書とも言える『くず花』では、「真心」の定義がされている。

真心《マゴコロ》とは、産巣日の神の御霊によりて、備へ持て生れつるまゝの心をいふ。さてこの真心には、智なるもあり、愚なるもあり、巧《タクミ》なるもあり、拙《ツタナ》きもあり、善《ヨキ》もあり、悪きもあり、さま〴〵にて、天下の人こと〴〵く同じき物にあらざれば、神代の神たちも、善事にまれ悪事にまれ、おの〳〵その真心によりて行ひ給へる也(55)。

ここで宣長は、「真心」とは、「善事」はもちろんのこと、「悪事」ですら「真心」によって行われるとしている。善悪邪正によって識別されることなく、それらすべての根源となる心だというのである。最終的にたどりついた宣長の「真心」とはどのようなものなのだろうか。

第二項 「真心」とは

そもそも「真心」とはどのように使われてきたのだろうか。過去の用例にさかのぼって確認してみたい。

『落窪物語』では、落窪の姫の言葉として、「真心」が出てくる。

さるべき人も、ことにま心なるけしきも見えぬに、嬉しくも思ひ給へるかな[56]

この「ま心なるけしき」とは、具体的には、裁縫を手伝ってくれている少納言が、〝お仕え申しとうございます〟と言ったことを指している。義母に悪し様に扱われている落窪の姫の境遇において、心からの同情を示してくれることを、姫は「うれしく」感じている。

併せて『源氏物語』の事例も確認する。「真心」の使用例は四例あるが、そのうちの三つは次のようなものである。

①をおきたてまつりて、また真心に思ひきこえたまふべき人もなければ[57]、

②聞き口惜しかるまじう、見ゆるされぬべき際の人の、真心に後見きこえんなど思ひよりきこゆるあらば[58]

③ども多くはべれど、これはさまことに思ひそめたる者にはべり。ただ真心に思しかへりみさせたまはば[59]

すべて名詞の「真心」ではなく、形容動詞「真心なり」の事例である。かかっているのは、「思ふ」と「後見」という動詞で、どちらも思いをかける、お世話をするという意味であり、ほぼ同義の文脈と考えて

いいだろう。①は、乳母が、父である朱雀院のほかには、女三の宮を心から思ってくれる夫がいないことを嘆いている。②は、八の宮が、自分の娘たちの将来を心配し、彼女たちを、心から大切に、夫としてお世話をしてくれる方がいるならば、と述べている。③は、常陸介の言葉である。実の娘の婿にしたいと考えている左近少将に対して、娘に心から思いをかけてくれさえいれば、現在収入が心細いといったことは問題ではない、ということをいっている。つまり三例とも、男が、将来妻になるであろう女性に対して、いかに心を込められるかを表現する際に、「真心なり」は使われているといえる。表面的な態度ではなく、本心から、嘘偽りなく相手のことを大切に思い、夫として世話ができるかということである。

また「真心なり」は、「後見」という言葉との親和性が高く、『夜の寝覚』には、「新大納言、権大納言、新中納言など、いと真心に、思ひ後見きこえたまふ(60)」、『狭衣物語』にも、主人公・狭衣の君の台詞として「かう真心なる後見もうけたまひては(61)」という使用もみられる。

このように、「真心なり」は、妻やお仕えする姫など対象は異なるが、お世話をするという行為を形容している事例が多くみられ、いかに相手のことを思っているかということを強調するための言葉といえる。ただし他にも、より具体的な行為を修飾している用例はある。例えば、『とりかへばや物語』には、

　さりとも、けしうはものし給はじ。たゞしばしの御心の乱れなりとて、いと真心に護身など参り給。(62)

とあり、「吉野の宮」が「大将」に対しておこなう護身の修法をする行為を修飾する文がみられる。
また『今昔物語』収載の「鎮西筑前国流浪尼往生語」には次のような箇所がある。

家主《いへあるじ》の女に云く、「此くて徒に候に、苧《を》を給へ、続《うみ》て奉らむ」と云へば、女「何ぞの苧をか続まむ」と云へども、尼強《あながち》に乞て、人より真心に吉く続て取せたれば、女、「広き所なれば、念仏も令申《もうさしめ》むが為に居たらむとこそ思ひつるに、此《かか》る事をさへ真心に為《す》ること哀れなれ」とて過る程に、三四年許にも成ぬ。(63)

流浪の尼が、哀れみをかけて家に招いてもらった「女」に対して、「真心に」苧麻《からむし》を紡いで与えたという場面である。そもそもその「女」は、念仏をとなえてもらおうと考え、家に招き入れたのだが、苧麻を紡ぐということさえ「真心に」することを感心している。護身の修法も、糸を紡ぐことも、相手のことを思い、丁寧にという意味が、「真心に」には込められているといえるだろう。

また『枕草子』には、次のような記述がある。

げににくくもぞなる。さらば、な見えそとて、おのづから見つべきをりも、おのれ顔ふたぎなどして見たまはぬも、まごころに、そら言したまはざりけりと思ふに(64)

「頭の弁」(藤原行成)と清少納言のやりとりを書いた章段(「職の御曹司の西面の立蔀のもとにて」)である。この前に行成が「顔いとにぐげならむ人は心憂し(65)」(〈女性で〉顔がひどくにくらしそうな人はいやだ)と言っていたことを覚えていた清少納言がは「いみじくにくげなれば……え見えたてまつらぬなり(66)」(〈私の顔は〉とてもにくらしい顔をしているので、〈あなた様に〉お見もうしあげることはできません)と述べる。

それに対して、行成は、〝なるほど、にくらしくなるといけないな。それではどうぞ顔を見せてくださるな〟と返し、偶然見てしまうはずの機会でも、自分自身顔を塞いだりしてご覧にならないようにする。そうした行成の行為に対して、清少納言は、「まごころに」、嘘をおっしゃらない人なのだと思ったというエピソードである。

清少納言による他者評価ではあるが、藤原行成の性格として、「そら言したまはざりけり」(「うそはおっしゃらない」)という説明がされ、それに「まごころに」がかかっていることになる。つまり、今までの用例とは異なり、誰かを思いやってという意味はなく、「嘘は言わない」という性格を強調する役割の言葉となっている。

『栄花物語』には六か所で「真心」が使われている。そのうちの三つは「いと真心に、泣く泣くといふばかりに仕まつりわたす[67]」「よく真心に仕うまつれ[68]」、「真心に思しあつかはせたまふ[69]」というように、すでに確認した、お世話をするという行為への修飾語である。それに対して、自分の行為にむけての事例もある。

・このことかならず言ひなしたらばなど、いみじう真心に仰せられければ[70]、

・真心に念仏せさせたまはばこそ、わが御ための善智識ともなり、亡者の御ため菩提のたよりともならめ[71]

前者は、東宮（居貞親王）が、僧から聞いた「小一条殿の姫君」のことについて、どうにか対処してもらいたいと、たいへん「真心に」おっしゃったという文である。後者は、藤原道長が娘である嬉子を亡くし、

悲しみにくれているときに、比叡山の座主（院源）が諭している場面であり、「真心に」念仏することを説いている。前者は「仰す」、後者は「念仏す」という表現にかかっている形容動詞であり、『枕草子』と同様に、嘘偽りなく、本心から、転じて真剣にと解釈することができる用例である。

その中で『栄花物語』には、注目すべき事例がある。

かくいみじうあはれなることを、内にも真心に嘆き過ぐさせたまふほどに(72)

村上天皇の皇后であり、冷泉・円融天皇の母である安子が亡くなる。妻の死に直面して、嘆き悲しむという行為を修飾するのに「真心」が使われているのである。

これまでの、相手のことを思いやる、嘘をつかない、真剣に物事をおこなうといった行為は、すべてポジティブなものである。喜怒哀楽のなかで、喜びや楽しみの範疇の言葉である。一方、嘆くというのは、哀しみであり、ネガティブなものである。今でも〝真心をこめてお世話をする〟とは使う表現だが、〝真心から悲しむ〟とは言わない。〝心底〟や〝心から〟という意味で、この『栄花物語』の箇所は「真心」が使われていることになる。

『枕草子』では、嘘をつかないという意味とほぼ同義として「真心に」が配置されていた。つまり、心の純粋さを表す言葉といえる。そのために、「後見」と結びついたときは、嘘偽りなく相手をお世話するという意味になっていた。よって、本心からの怒りや悲しみといった感情を表す場合においてもまた、原義からすると「真心に」を修飾語として使ったとしても間違いではないのだろう。その純粋さを「生まれつるまま」と表現して、「真心」を使っているのが宣長である。

第三項　本居宣長の「真心」

宣長は、「生まれつるままの心」として、善悪正邪すべてを併せ持つかのような感情を「真心」と表現している。では、その心を「真」たらしめている要素は何なのだろうか。あらゆる心が「真心」ではなく、そこには何らかの区別があるはずである。『葛花』には次のような記述がある。

すべて善にもあれ悪にもあれ、生まれつきたる心を変《かへ》てうつるは、皆真心を失ふ也。(73)

「真心」を失うのは、「悪」に染まったときではなく、「生まれつきたる」状態が変わったときだとする。ただしこの「生まれつきたる」というのは、具体的にはどのようなことなのだろうか。

天明七（一七八七）年二月に、宣長は『玉鉾百首《たまぼこひゃくしゅ》』（成稿は天明六年）を刊行する。万葉仮名表記の百首に、「阿麻理歌《アマリウタ》」三二首が添えられた形式であるが、そこで宣長は「真心」という言葉を使った歌を五首詠んでいる。

① ことしあればうれしかなしと時々にうごくこゝろぞ人のまごゝろ
② うごくこそ人の真心うごかずといひてほこらふ人はいは木か
③ まごゝろをつゝみかくしてかざらひていつはりするは漢のならはし

④　から人のしわざならひてかざらひて思ふ真心いつはるべしや(74)

（「玉鉾百首」。万葉仮名は『玉鉾百首解《たまぼこひゃくしゅかい》』に沿って書き改めた。番号は引用者が、本書での説明の便宜上付けたものである。①②③④⑤〈⑤は次頁〉はそれぞれ八十七・八十八・八十九・九十・九十一番目の歌である。）

「玉鉾」とは道にかかる枕詞で、宣長も「道ノ事を詠候古風の百首也(75)」と千家俊信《せんげとしざね》（宝暦一四〈一七六四〉～天保二〈一八三一〉年）宛の書簡（寛政四年一〇月一五日付）で述べている。また寛政一〇〈一七九八〉年成稿の『うひ山ぶみ』では、「道」を学ぶ「初学の輩」が読むべき宣長の自著として、「神代正語《かみよのまさごと》」「直日のみたま」「玉くしげ」「葛花」に並んでこの「玉矛百首」が挙げられている。(76)したがってこの『玉鉾百首』は、歌集ではあるが、宣長の「道」の大意を表すものともいえる。

またこの歌集には本居大平《おおひら》（宝暦六〈一七五六〉～天保四〈一八三三〉年）の手による注釈書『玉鉾百首解』（以下『解』）が、寛政八（一七九六）年九月に成稿している（寛政一一〈一七九九〉年に刊行）。その序文「玉鉾百首解序」にて俊信は次のように述べている。

こゝにわが友稲懸大平は、大人の御許にちかく家をらして、朝夕になれつけて、いとも尊き教のかぎりを学び得て、大人の教子はさはなる中にも、物まめやかにいにしへ尊む心深くて、書籍さとることも、歌よむ事も、人よりまさりてなもありける。かゝれば此まことの道の尊き事をも、人より深くわきためさとりて、此百首の注釈を物して、意辞のとけがたきふし〴〵を、ねもころに解あきらめて、よむ人

のしるべとなもせられける。(77)

「大人」〈宣長〉のそばで、一日中、その教えの限りを学び、読解も詠歌も「人よりまさ」っている大平であるからこそ、『玉鉾百首』を注釈するのにふさわしいと述べられている。そもそもこの序文依頼を宣長自身が行っていることから(78)、『解』の執筆にあたって、宣長から大平へ何らかの指導があったと考えるのが自然である。したがって、かなりのところ宣長の考えを直接反映しているものと捉えていいだろう。

その『解』では、九一番目の歌も「真心」を詠ったものとし、次のように注釈している。

⑤　たまきはる二世はゆかぬうつそ身をいかにせばかも死なずてあらむ

……一首の意、死して、又更に二度とは、来直しのならぬ、此身なれば、命は、至極をしき物なり。死ぬるは、しごく悲しき事なり。いかやうにしたらば、死なずにゐられうぞとよめるにて、いつまでも不死あらまほしきよしなり。これ人の真心をあらはせる歌なり(79)。

ではここで述べられている「真心」とはどのような「心」であろうか。先ず①の歌から「うごく」というのがひとつのキーワードになっていることがわかる。『解』では、「うごく心とは、うれしともかなしとも思ふは、心のうごくなり。何事にても、楽しき事にても、憂《ウシ》はしき事にてもある時は、その事に触れて、感動するぞ、まことの真心《マゴコロ》といふ物なりける(80)」と説明される。また②の注釈には「心の物に動ぜぬといふを、賢《カシコ》きことにいふは、みな真心にあらず」としたうえで、改めて「物に動ずる心こそ、人の真心なれ」と書かれている。

ふたつめのキーワードとしては、「かざらひて」という表現が挙げられる。これは「漢のならはし」「から人のしわざ」に対するものであり、その反照として「真心」があると考えていいだろう。『解』には、「真心は、人の生まれつきたるまゝの心[81]」と注釈される。⑤では、おろかなほど、人の生に対する執着が詠われている。しかし、そのように滑稽に思えるほど、死とは悲しいことと感じることが、心をうごかしている状態である。逆に、それを「かざ」ることで、死を悲しまず、あげくにそれを誇るような人は、心がうごかない「岩木」の類だとする。

これについて、宣長は、より具体的なエピソードを古事記から引用している。該当記述のある「古事記伝二十七之巻」は、寛政元（一七八九）年一二月一二日に起稿され、寛政二年六月二三日に脱稿されているが、これは『玉鉾百首』の刊行から約二年後ということになる。内容は「倭健命《ヤマトタケルノミコト》」のエピソードである。

此後しも、いさゝかも勇気は撓み給はず、成功をへて、大御父天皇の大命を、違へ給はぬばかりの勇き正しき御心ながらも、如此恨み奉るべき事をば、恨み、悲むべき事をば悲み泣賜ふ。是ぞ人の真心にはありける。此若漢人ならば、かばかりの人は、心の裏には甚く恨み悲みながらも、其はつゝみ隠して、其色を見せず、かゝる時も、たゞ例の言痛きこと武勇きことをのみ云てぞあらまし。此を以て戎人のうはべをかざり偽ると、皇国の古人の真心なるとを、万の事にも思ひわたしてさとるべし[82]。

倭健命が父である景行天皇から西から東へと、打ち続く遠征を命ぜられ、倭姫命《やまとひめのみこと》に「天皇既に吾《あれ》死ねとや思ほそす所以《ゆゑ》か」(83)と泣きながら胸中を訴える箇所の注である。「漢人《カラビト》」(「戎人《カラビト》」)が、たとえ悲しいと思うことがあっても、表面上は取り繕うのに(「うはべをかざり偽る」)対して、悲しむべきことを悲しむことが「人の真心《マゴコロ》」であるとする。ここでも『玉鉾百首』でもみた、「かざり偽る」ことに抗し、ありのままなる「心」こそが「真心」であるとの解釈がみてとれる。

そして、この記述から三〜四年後に書かれたのが、『玉勝間』の次の記述である。

そも〳〵道は、もと学問をして知ることにはあらず、生まれながらの真心なるぞ、道には有ける。真心とは、よくもあしくも、うまれつきたるまゝの心をいふ。(84)

宣長は「直毘霊」に改訂するにあたって、「直霊」にはなかった「此篇は、道といふことの論ひなり」という副題を付けた。「直毘霊」とは「道」を論じたものであると最初に明記したのである。しかし、その「道」とは、学ぶことでは得られないのである。「儒仏の教へ」を学び、「漢意」に支配されてしまうことを何より批判の対象としたのである。相楽亭は次のように説明している。

宣長のまごころの主張は、近世において、いわば儒教のまこと(誠)に対して説かれたものである。今日では、まこととまごころとが一つのものとして理解されることが多いが、歴史的には対立する内容をもつものであった。

まことは、儒教においては、かくあるべきモラルの根柢であったが、これに対して宣長は、これを強《しい》事《ごと》としてしりぞけた[85]。

宣長は、最初からこのような「真心」観を持っていたわけではない。前節でみたように「直霊」から「直毘霊」への改稿において、人の智の限界が強調され、それは「禍津日神」を悪神とみなすような単純な善悪二元論の世界観から脱却を意味していた。それは「儒仏の教へ」を「漢意」として否定するにとどまらず、世の中すべての「善も悪も、凡て測り難きこと」（古事記伝）として、人の通常の倫理観を根底から疑うものであった。何が善なのか、何が正しいのか、何が真実なのかも、判断することができないのが人という存在とされた。その過程において、単純に正しい心の様態を表す「真心」から、純粋性を突き詰めた「真心」へと移行することになる。

ただしこれらの変化は、宣長が、世の中をシニカルな視線でみるようになったからではなく、古道論研究をとおして確立した「皇大御国」という国への認識が、この国に生まれた人間を無条件で肯定できるようになったことによる結果であった。「皇大御国」に生を受けた段階で、その人は絶対的な正しさを担っている。したがって、その人がするべき行動は、いかに「うまれつきたるままの心」を「漢意」によって損なうことないようにするかだけなのである。

おわりに

本居宣長没後から約一〇年後の文化九（一八一二）年、香川景樹《かがわかげき》の『新学異見』が刊行された。熊谷直好《くまがいなおよし》の序によると、病中に書かれたものであるという。内容は歌論であり、当時の歌壇に大きな影響力を持っていた賀茂真淵の門流（真淵は、明和六年に亡くなっている）に対する批判書となっている。

真淵は、純粋な精神の発現を『万葉集』を中心とした古歌にみたが、景樹は、時代時代の歌風というものがあるのだから、昔の歌風に戻れというのは、和歌の歴史性にも反すると批判する。そうした論の展開のなかで、景樹が使うのは「真心」であった。

> 心深きは深かるべくして深きなり。専門家の浅らなるを設けて深くよみなすに同しからんや。心細やかなるも心深きも真心のままなるものなり。況や古歌によりて古へに反らんとすること、既にいへる如く更に有るまじき事(86)（「新学異見」）

ここでは『古今和歌集』の歌に対して、そのなかで表現された心が「細やか」や「深き」ことは、「真心のまま」であるからだと肯定している。それに対して、「専門家」が、「浅」い感情を、「深」いかのように詠んだり、古歌を手本とするからといって、不自然に昔に回帰して歌をつくったりすることは、全く「有るまじき事」と批判している。まさにあるがままの心として「真心」が使われている。景樹は公家の歌会に度々列席し、宣長とも邂逅し、その門人植松有信と歌の贈答もしている。この「真心」には、確かに宣長の姿を感じさせるのである。

ここでひとつの疑問が湧く。

前章で、「直霊」以前に書かれた『排蘆小船』・『紫文要領』・『石上私淑言』において、宣長は、「物の心」・

「事の心」を使った「物のあはれ」論を展開したことを確認した。それは、従来とは異なり、知識の獲得（「物の心」）と、感受性の発露（「物のあはれ」）を区別することで、結果的に、前段階の知識としての性格を強調するものであった。その流れの延長に、国についての知識（「事の心」）の獲得として、古道論研究がある。

しかし、古事記への探求を通して、宣長がたどりついた結論は「道は、もと学問をして知ることにはあらず」（「玉勝間」）であった。「せむすべなし」と人の智の限界が強調されたなかで、「物のあはれを知る」ことはどうなってしまうのか。

宣長における「道」と「物のあはれ」の関係について、次章で検証したい。

註

（1）「玉勝間」、第一巻、八五頁
（2）前同、八六頁
（3）前同
（4）前同
（5）前同
（6）前同
（7）たみとの結婚は再婚であり、宣長は宝暦一〇（一七六〇）年の九月一四日に村田みかと結婚しているが、わずか三か月で離婚している。
（8）「直毘霊」の本文には、更にその後の補訂が加えられており、両者の本文を比較すると、かなり大幅に改補されている箇所もある。しかし、根本において大差はなく、「道テフ物ノ論」にはじまった宣長の古道論は、『直霊』に至ってほぼ完成を見たと言って差し支えない。」（大久保正「解題」『本居宣長全集』第十四巻）。「『直霊』に準じた「なほびのみたま」のタイトルを立て、『直霊』と同じ書式、そして奥書を踏襲したところに、明和八年の『直霊』を以って、自らの古道論の完成とする宣長の認識があらわれている。」（阪本是丸監修、中村幸弘・西岡和彦共著『『直毘霊』を読む―二十一世紀に贈る本居宣長の神道論―』、右文書院、二〇〇一年、一八九頁）

（9）以下「直毘霊」成立をめぐる経緯は、岩田隆『『古事記伝』の起稿と稿本に関する一臆説」（『鈴屋学会報』第六号、一九八九年七月）、同『『古事記伝』一之巻の明和八年成稿説について」（同上第七号、一九九〇年九月）、同『本居宣長の生涯―その学の軌跡』（以文社、一九九九年）、『本居宣長全集』（筑摩書房）の第八巻、第九巻、第十四巻の「解題」（大久保正・大野晋）、前出『『直毘霊』を読む―二十一世紀に贈る本居宣長の神道論―』の「第五章　『直毘霊』の位相―道・反響・表現」、千葉真也「『古事記伝』一之巻の成立について」（『国語国文』第七二巻二号、二〇〇三年）を参照。

（10）「書簡集」、第十七巻、四九頁

（11）前同、七七頁

（12）前同、八二頁

（13）前同、八三頁

（14）「直霊」、第一四巻、一一九頁

（15）「直毘霊」、第九巻、四九頁

（16）前掲「直霊」、一二三―一二六頁

（17）前掲「直毘霊」、五三―五四頁

（18）前田勉「本居宣長の天皇観―「天壌無窮の神勅」と禍津日神との関連」（前田勉『近世神道と国学』ぺりかん社、二〇〇二年、三三九頁）ここでは、宣長の禍津日神の解釈は「同時代の人々から宣長の私説であるという非難さえあった」として、村田春海、石川雅望、村田順義、会沢正志斎、平田篤胤の非難を紹介し、「これほどに宣長の禍津日神説は、同時代の人々にとって異様なものであり、理解しにくいものであった」（三四〇頁）としている。

（19）前掲「直毘霊」、五五頁

（20）伯夷は弟の叔斉とともに、殷の紂王を弑逆した周の武王を避難し、武王が天下を統一した後は周の録を食むことを恥じて、ついに餓死した伝説的聖人。つまり、伯夷のような善人ですら、餓死という不運な最期だったではないか、と宣長は指摘していた。

(21)「くず花」、第八巻、一四五頁
(22)前掲「直霊」、一二四頁
(23)前掲「直毘霊」、五五頁
(24)前掲「直霊」、一二四頁
(25)前掲「直毘霊」、五五頁
(26)「古事記伝二十三之巻」、第十一巻、三一頁
(27)坂本太郎、家永三郎、井上光貞、大野晋校注『日本書紀（二）』岩波書店、一九九四年、一四八頁
(28)「玉かつま」、第一巻、二一一頁
(29)前同、四四八頁
(30)「答問録」、第一巻、五二八頁
(31)「古事記伝七之巻」、第九巻、二九四頁
(32)前掲「直霊」、一二三頁
(33)前掲「直毘霊」、五二頁
(34)前掲「直霊」、一二九頁
(35)前掲「直毘霊」、五八頁
(36)「馭戎慨言」、第八巻、六七頁
(37)「近世において、それまで常用されていた「本朝」「国朝」「吾国」「本邦」「和国」「日本」等に代るものとして、意識的に「皇国」の語を使用した（管見における）早い例は、いわば当然にも、国学者賀茂真淵（元禄十・一六九七年—明和六・一七六九年）である。即ち真淵は「皇朝」を多く用い、これに「すべらみかど」と仮名を振っている。そしてそれだけでなく、「皇国」「すめ（べ）らみ国」をも使用し、遅くも元文三年（一七三八）以降、「皇《スメラ》御《ミ》国《クニ》廼《ノ》上代《カミヨ》乃《ノ》道《ミチ》」という句を含む誓詞を入門者に提出させている」（渡辺浩『東アジアの王権と思想』東京大学出版会、一九九七年、一四九頁）
(38)前掲『『直毘霊』を読む——二十一世紀に贈る本居宣長の神道論——』の第一項目解説（三一頁）を参照。
(39)渡辺浩「「泰平」と「皇国」」（前出『東アジアの王権と思想』、一四八—一四九頁）

(40)「古事記伝三之巻」、第九巻、一二八―一二九頁
(41)「うひ山ぶみ」、第一巻、五頁
(42)前掲「直霊」、一二六頁
(43)前掲「直毘霊」、五六頁
(44)前同、四九頁
(45)「道テフ物ノ論」、第十四巻、一〇一―一〇二頁
(46)「道云事之論」、第十四巻、一一五頁
(47)前掲「直霊」、一三一頁
(48)前掲「直毘霊」、六〇―六一頁
(49)「衝口発論駁の覚書」、第八巻、二六四頁
(50)「鉗狂人」、第八巻、二七三頁
(51)前同、二七四頁
(52)「呵刈葭」、第八巻、四〇五頁
(53)前同、四〇七頁
(54)相良亨はこの『直毘霊』で「真心」が見られないことに触れ、次のように述べている。「完成稿の『直毘霊』には「真心」という文字はないが、其道にそむける心を、人欲といひてにくむも、こころえず。そもそもその人欲といふ物は、いづくよりいかなる故にていひきつるぞ。それも然るべき理にてこそは、出来たるべければ、人欲も即天理ならずや。とある。儒教的な表現をもってすれば、彼の真心論は「人欲も即天理」となる。生まれながらの人情人欲の心、それがまず宣長の真心である。」(『本居宣長』東京大学出版会、一八九頁)。つまり、『直毘霊』では「真心」という単語はないが、その「真心」感は変わらず引き継がれていると捉えている。
(55)前掲「くず花」、一四七頁
(56)松尾聡・寺本直彦校注『日本古典文学大系　落窪物語堤中納言物語』岩波書店、一九五七年、九〇頁
(57)阿部秋生・今井源衛・秋山虔・鈴木日出男校注、訳『新編日本古典文学全集　源氏物語(4)』小学館、一九九六年、二九頁
(58)『新編日本古典文学全集　源氏物語(5)』、一九九七年、一七七頁

（59）『新編日本古典文学全集　源氏物語（6）』、一九九八年、三一一頁
（60）鈴木一雄校注・訳『新編日本古典文学全集　夜の寝覚』小学館、一九九六年、三六六頁
（61）小町谷照彦・後藤祥子校注・訳『新編日本古典文学全集狭衣物語一』小学館、二〇〇一年、二四九頁
（62）『新日本古典文学大系　堤中納言物語　とりかへばや物語』岩波書店、一九九二年、二一〇頁
（63）『新日本古典文学大系　今昔物語集三』岩波書店、一九九三年、四四三頁
（64）池田亀鑑校訂『枕草子』岩波書店、一九六二年、八一頁
（65）前同、八〇頁
（66）前同、八〇―八一頁
（67）山中裕・池田尚隆・秋山虔・福長進校注、訳『新編日本古典文学全集　栄花物語（1）』小学館、一九九五年、二六六頁
（68）前同、三二七頁
（69）『新編日本古典文学全集　栄花物語（2）』、一九九六年、四八九頁
（70）前掲『栄花物語（1）』、一八四頁
（71）前掲『栄花物語（2）』、五二九頁
（72）前掲『栄花物語（1）』、四九頁
（73）前掲「くず花」、一四七頁
（74）「玉鉾百首」、第十八巻、三二六頁
（75）「書簡」、第十七巻、一八六頁
（76）「此二典（「古事記書紀」）の上代の巻々を、くりかへし〳〵よくよみ見るべし。又初学の輩は、宣長が著したる、神代正語を数十遍よみて、その古語のやうを、口なれしり、又直日のみたま、玉鉾百首、玉くしげ、葛花などやうの物を、入学のはじめより、かの二典と相まじへてよむべし。然せば、二典の事跡に、道の具備《ソナ》はれることも、道の大むねも、大抵に合点ゆくべし。」（「宇比山踏」、第一巻、五頁）
（77）村岡典嗣編『直毘霊・玉鉾百首』岩波書店、一九三六年、五一―五二頁
（78）寛政九年六月一九日付の千家俊信宛の書簡に、その依頼文が確認できる。「大平玉鉾百首解出来申候ニ付、御序文御頼申候段、兼々愚老へも申候義ニ御座候、此度右御序文御草稿御認被遣、致拝見、大平とも致相談、再三相調へ致添削、大平より先ツかり

ニ清書いたし上候筈ニ御座候間、其御地ニ而板下御認、被遣様と奉存候、全体御文宜出来申候而、大慶仕候」（前掲「書簡集」、三七七頁）

(79) 前掲『直毘霊・玉鉾百首』、一〇一―一〇二頁

(80) 前同、九九―一〇〇頁

(81) 前同、一〇〇頁

(82) 「古事記伝二十七之巻」、第十一巻、二一九頁

(83) 倉野憲司校注『古事記』岩波書店、一九六三年、一二一頁

(84) 前掲「玉かつま」、四七頁

(85) 相良亨『一語の辞典　こころ』三省堂、一九九五年、一〇七頁

(86) 「新学異見」（橋本不美男・有吉保・藤平春男校注・訳『新編日本古典文学全集・歌論集』小学館、二〇〇一年、五八二頁）

第三章　「物のあはれ」と道

―「紫文要領」から「源氏物語玉の小櫛」へ

宣長の歩み（三）

宣長は、京都遊学からの帰郷後、ほとんど松坂を離れることなく（吉野、飛鳥旅行と数度の参宮のみ）、医業を生業としながら、日々学問を積み重ねていった。『古事記伝』の注釈作業は順調にすすんでいたようで、安永六（一七七七）年三月一四日付飯田百頃宛ての書簡の中で次のように言っている。

古事記の事もかにかくにいつとなく、世のいとなみのみしげき身にし侍れば、心ばかりはいそぎ侍れど、すが〳〵しくも事ゆかで、漸に上つ巻をはりなんとする程になん侍るを、其一まきの註十まり五巻ばかり侍れば、下つ巻まですべては、四十まきばかりにもや成侍りなん、大かた世の物しり人のもの註するは、たゞことすくななるをよきことにはし侍るめり、それはたさることに侍れど、おのがこの古事記の註は、つばらかなるがうへにも、なほつばらかにせんとなん思ひ侍れば、うるさきまで長々しく侍る也、さるは古事記にかゝらぬあたしごとをさへ、何くれとかきくはへて、大よそ古学の道は、此ふみにつくしてんの心がまへになん侍る。[1]

先人のものと比べても、自分の注釈は「つばらかなるがうへにも、なほつばらか」と、いかに詳細であるかを伝え、「古学の道」はすべてここに記されている、というぐらいの心構えであることが書かれている。ここには積み重ねてきた学問への、確かな自信が感じられる。

連日のように開催される講釈は、徐々に規模が大きくなっていき、安永三（一七七四）年以降は、出席者（門人）の名前と住所を書き留める名簿（『授業門人姓名録』）が作成されるまでになる。それは宣長の学問が、もはや宣長個人や松坂の範囲を超えて、さらに外へと向かっていく過程ともいえる。

その傾向をあらわす門人として、天明五（一七八五）年に、尾張普代の重臣である横井千秋がいる。伊勢国以外の入門者は、尾張藩出身で、市川多門からの『まがのひれ』を届けた田中道磨が最初であったが、千秋はこの道磨から宣長のことをよく聞いていた。そしてこの時期は、日本史の事柄として「天明の大飢饉」と付されるころでもあり、千秋は古学思想に立脚した治政論を宣長に要請する。危機的な社会情勢をいかに乗り切るべきかを、宣長に求めたのである。

若いころは、為政者でもないのに儒学を勉強することの無意味さを友人に説いていたほど、政治的な志向を持たない宣長であったが、世間がそれを要望するまでの存在になりつつあった。なおこの千秋の要望は、『たまくしげ』『秘本玉くしげ』として成稿し、前者は寛政元（一七八九）年に刊行され、後者は天明七（一七八七）年に紀州侯に献上された。

そして、寛政二（一七九〇）年に、その千秋の助力もあり『古事記伝』初帙（巻一～五）が刊行される。

『古事記伝』が世に出ることで、その名声は高まり、寛政四（一七九二）年から同六（一七九四）年までは、名古屋、京都、大坂、和歌山と各所に出立し、講義を行っている。

寛政四年一二月三日には、次のような示達書を受け取る。

其方儀被　召出五人扶持被下置候

紀州藩に士官する身分となったのである。このことに関して宣長は日記に「吉事」とのみ記している。帰郷後の明和、安永期が、松坂という地域のみで学問を積み重ねてきていた時期とすると、天明から寛政にかけては、松坂、紀州藩を超えて、日本全国に広がっていった時といえる。六〇代になってからもますます精力的に研究に打ち込み、世間にも認められ、順風満帆のようにみえる宣長であったが、一方、私生活ではひとつ不幸が起こっていた。

長男の春庭が失明したのである。

春庭は、宣長の指示のもと数々の書写や作図等を行っていた。そこに『古事記伝』の板下書きもあり、『古事記伝』が刊行された翌年、寛政三年に眼病を患う。直接的な原因が何かは不明だが、宣長が非常に苦しんだことは想像に難くない。自分がやらせた目を酷使する作業によって、病気になった可能性が高いからである。

宣長は春庭を、尾張の名高い眼科専門の治療所に入院させたり、大阪まで名医を訪ねたりもしたが、そのかいなく、寛政六（一七九八）年、失明する。宣長六五歳、春庭三二歳のときであった。

春庭は、その後鍼医となり、父と同様に松坂で開業する。また宣長と同様に、盲目の身ながら、妹や妻の協力のもと、学問も究め、『詞八衢《ことばのやちまた》』を著すに至るが、父宣長はすでに世を去っており、このことを知ることはなかったのである。

はじめに

第一章では、「物の心」「事の心」という語彙に注目して、その語義を検証することで、本居宣長の歌論から古道論への思想推移の一端を明らかにした。

宣長の「物の心」は、「物のあはれ」論を展開するために使われている。それまでの古典文学では「物の心」を知ることは、そのまま豊かな感受性を手に入れることと同義であった。しかし宣長は、知識の獲得(「物の心」)と、感受性の発露(「物のあはれ」)を、明確に区別していた。したがって、感受性という側面が薄められ、より心を動かす前段階の知識としての性格が強くなっているのが宣長の「物の心」といえる。

その「物の心」は、最終的に、国の歴史や文化という「事の心」へとつながっていく。私たちが喜怒哀楽を感じるには、知識としての「事の心」が必要であり、その前提としてわが国が設定される。そのために、よりよい心を得るためにも、国を知る、つまり古事記研究へとすすんでいったのである。

しかし、「物の心」や「事の心」を導入して、知識としての側面を重視した「物のあはれ」論を確立した宣長であったが、その後の古道論への深化を通じて、学ぶことに対する懐疑が生まれてくる。

それを第二章の「直霊」から「直毘霊」への改訂でみた。「直霊」では、人がするべきことは歴史的文献から学ぶことであり、記紀などの古典を通して、過去に存在していたあるべき心を、現代の人も知識として得ることができると宣長は考えていた。それが「直毘霊」の段階においては、「せんすべなし」と、人の智の限界が強調される。神のことを人は理解することができない。それは、荒唐無稽ともいえる神話を、現実にあったこととは捉えることができないことに象徴されている。
それでは、このような変化を経て、「物の心」「事の心」で構成された宣長の「物のあはれ」はどうなっているのだろうか。つまり、宣長の思想構造における「古学の道」と「物のあはれ」の関係を本章では明らかにしてみたい。

第一節　「物のあはれ」と「道」

第一項　「物のあはれを知る」とは

宣長は、「物の心」を導入することで知識の側面を重視した「物のあはれ」論を展開したが、そもそも「物のあはれを知る」とは、どのような行為なのだろうか。先ず、宣長以後の近代におけるふたつの議論をとりあげたい。

小説の主脳は人情なり、世態風俗これに次ぐ。人情とはいかなるものをいふや。曰く、人情とは人間の情欲にて、所謂百八煩悩是れなり。夫れ人間は情欲の動物なれば、いかなる賢人、善者なりとて、未だ情欲を有《もた》ぬは稀れなり。……

本居大人が『玉小櫛』にて『源氏物語』の大旨を論じていへらく、「此物語の大旨昔より説どもあれども、みな物語といふものゝ本旨をたづねずして、只よのつねの儒教などの書のおもむきをもて論ぜられたるは、作者の本意にあらず。……しからば物語にて人の心所業の善き悪きはいかなるぞといふに、大かた物のあはれを知り、情ありて世の中の人の情にかなへるを善とし、物のあはれを知らず、情なくて、世の人の情にかなはざるを悪しとせり。……」

右に引用せる議論のごときは、すこぶる小説の主旨を解して、よく物語の性質をば説きあきらめたるものといふべし。我が国にも大人のごとき活眼の読者なきにしもあらざりけれども、そは絶無にして希有なるから、他の曲学《なまものしり》にあやまられて、彼の『源語』をさへ牽強して勧懲主意なるものなりなど、いとしたり顔に講釈せる和学者流も多しと聞く。豈に甚だしくあやまらずや。(2)

坪内逍遥（一八五九―一九三五年）の『小説神髄』からの一節である。近代文学を確立するために書かれた本書では、「小説の主脳は人情なり」として、「人情」を写実的にえがく小説を日本近代にふさわしい文芸とした。そこでは具体的な批判対象として滝沢馬琴の儒教的勧善懲悪主義をあげ、一方で、「本居大人」、つまり宣長の『源氏物語玉の小櫛』における「物のあはれ」論をかなり長く引用し、これこそが「小説の主旨」であり、「物語の性質」と評している。自分の文学論の先駆として宣長の「もののあはれを知る」をみいだしていることが分かる。

このように、宣長の「もののあはれ」論は、古学派儒学運動などによる、朱子学的リゴリズム（勧善懲悪）からの人間の自然的欲望（「情欲」）の解放という近世中期の思想潮流の象徴として捉えられることがある。したがってここでは、「儒仏の教へ」（宣長）を表面上の綺麗ごとと否定し、人が生来持っているありのままの感情を、「物のあはれ」として肯定していることがわかる。

一方で、和辻哲郎（一八八九―一九六〇年）は次のように述べている。

彼〔本居宣長〕が典型と認める中古の物語は、「俗《よ》の人の情とははるかにまさりて」、「こよなくあはれ深き」、「みやびやかなる情《こころ》」のかぎりを写している。ゆえに、これを読む人の心には、その日常の情よりもはるかに高い、浄められた、「物のあはれ」がうつってくるのである。(3)

和辻は、宣長のいう「物のあはれ」とは、「日常の情」を克服した「高い、浄められた」心であるという。誰もが本来持っている感情ではない、理想的情動としているのである。つまり、逍遥とは正反対の捉え方をしていることがわかる。はたして「物のあはれ」とは、生まれついてもっているもの（坪内逍遥「情欲」）なのか。それとも後天的に獲得するもの（和辻哲郎「高い、浄められた」心）なのか。それは、「物のあはれ」とは先天的感情なのか、後天的に知るものなのかという論点ともいえるだろう。

例えば、「物のあはれ」の文献上の初出である、紀貫之『土佐日記』では、次のように書かれている。

①かぢとりもののあはれもしらで、おのれしさけをくらひつれば、はやくいなむとて、「しおみちぬ。かぜもふきぬべしと」さわげば、ふねにのりなむとす(4)

国司の任期を終え、すでに帰京の船途についた語り手の一家だったが、別れがたく思う土地の人びとが追いすがってきて、惜別の歌を交わす。それを見ながら待っていた「かぢとり」（楫取）であったが、早く出港しようとして、〝潮も満ちて来たし、風も吹いてくるぞ〟と騒いだことから、「もののあはれ」を知らないと批判的に描写されることになる。しかし、ここでの楫取は、確かに酒を飲みつつも、船の運航のための潮と風の具合を気にしており、船頭としての職務を忘れてはいないともいえる。それでは、ここで知らないとされる「もののあはれ」とは具体的には何なのだろうか。次の二つの見かたが考えられる。

・惜別の情を知らない。皆が別れを惜しんでいるさまをみて、自分の身に引き当てて、さぞ悲しかろうと感じる共感能力が欠けている。

・文学的教養がない。人びとが交わした歌は、李白の「贈汪《おう》倫《りん》」という詩を踏まえたものであり、楫取はその技巧に興ずるだけの漢詩と和歌の教養がなかった。

「物のあはれ」の捉え方として、前者の場合は、先天的性格としての側面が、後者を重視した場合、後天的に獲得するものという性格が、それぞれ強くなるといえる。もちろんこの両者を無理に別ける必要はなく、どちらの要素も含まれていると考えることも当然できる。[5]

特に注目したいのは、「もののあはれ」の初出は「知る」という動詞と結びついていることである。大野晋は、『土佐日記』から『栄花物語』までに「もののあはれ」の用例は三〇例ほどあるが、その約半分が「知る」という言葉と結びついていることを指摘している。[6]「もののあはれ」において「知る」という行為はどのような意味があるのか。以下、『大和物語』から『徒然草』までのなかで、管見で確認できた「もののあはれを知る」の事例（一四例）をみることで、それを検証してみたい。

②またこの〔としこ〕むすめ、姉にあたるあやつこといひてありけり。母に似て、心もをかしかりけり。また、このおとどのもとに、よぶことといふ人ありけり。それもものあはれを知りて、いと心をかしき人なりけり。(7)

『大和物語』の用例である。ここには、「としこ」・「あやつこ」・「よぶこ」という三人の女性がでてくる。としことは、藤原千兼《ちかね》の妻であり、千兼は陽成天皇の第一皇子である源清蔭《きよかげ》の義兄弟である。「あやつこ」と「よぶこ」は、「としこ」の娘たちである。それぞれが、「母に似て」・「それも」という言葉で結ばれることで、皆「もののあはれを知りて、いと心をかしかりけり人」とされる。具体的にはどういう人物なのかについては、この後に描かれる。

これ四人つどひて、よろづの物語し、世の中のはかなきこと、世間のことあはれなるいひいひて、かのおとどのよみたまひける。

いひつつも世ははかなきをかたみにはあはれといかで君に見えましとよみたまひければ、たれもたれも、返へしはせで、集りてよよとなむ泣きける。(8)

三人の母娘に清蔭も加わり、「世の中のはかなきこと」について話をし、それについて詠った歌に皆が感じ入り、四人とも声をあげて泣いたという。ここの題は「無常」とつけられており、「世ははかなき」もの、無常なものであると知っていることが、「もののあはれを知り」と表現されていることがわかる。

次は『うつほ物語』からの用例である。

③なほ、此度ばかりは御返り給へ。物の哀しらぬやうなり。兵衛がこと、君に聞こし召すにとおほせし(10)

あて宮に恋焦がれる男たちが、折々に恋の歌を贈っている。そのなかの一人である左大臣源季明の三男実忠が、「死ねといはば例にもせむものをのみ思ふ命は君がまにまに」(9)（わたしが恋のために死ぬといったら、きっと後々の例にもなるでしょう。でもあなたを思うわたしの命はあなたしだいなのです）と詠う。その歌が書かれた手紙を手渡した兵部卿宮（嵯峨院の皇子）が、あて宮に対して述べた台詞である。

命がけの手紙に返事がないと、仲介役の自分（兵部卿宮）があまりに「もののあはれ」を知らないことになってしまう。このお願いをぜひ聞いて、きちんと返事を書いてほしいとあて宮に頼んでいる。したがって、ここでは、『大和物語』とは異なり、一般的な人情や心の機微といったものを「もののあはれ」は指していると考えられる。それを知らないということは、恥ずべきこと、不名誉なことなのである。

一方で、『源氏物語』には次のような用例がみられる。

④のめなるまじき人の後見の方は、もののあはれ知りすぐし、はかなきついでの情あり、をかしきにすす

める方なくてもよかるべしとみえたるに[11]、

⑤もののたよりばかりのなほざり言に、口疾う心得たるも、さらでありぬべかりける、後に難とありぬべきわざなり。すべて女のものづつみせず、心のままに、もののあはれも知り顔つくり、をかしきことをも見知らんなん、その積もりあぢきあかるべきを[12]

五月雨の降りつづくある夏の夜、光源氏、頭中将、左馬頭、藤式部丞《とうしきぶのじょう》が集まって、語り合う。④は、左馬頭の女性論の一節である。理想の妻という話のなかで、夫の世話をするという観点からすると、「もののあはれ知り」すぎて、何かにつけて歌を詠んだりするような妻は困り者であるとしている。⑤は、多くの懸想文が寄せられるようになった玉鬘《たまかずら》に対して、光源氏が恋文の扱い方などを教えている場面である。男からの連絡ついでのおざなりな手紙に、いかにも私は、「もののあはれ」や「をかしきこと」を知っているかのような内容の返事を決してしてはならないとする。

この④・⑤のふたつの例は、③とは異なり、知りすぎていること、もしくは知っていると振る舞うことが非難の対象となっている。女性と「もののあはれ」の関係について、紫の上は次のように述べている。

⑥もののあはれ、をりをかしきことをも見知らぬさまにひき入り沈みなどすれば、何につけてか、世に経るはえばえしさも、常なき世のつれづれをも慰むべきぞは[13]、

夕霧について話をするなかで、光源氏が、自分が死んだ後の紫の上について心配をする。それに対して、

〝女ほど、身の処し方が窮屈で、痛ましいものはない〞として、「もののあはれ」も「をかしきこと」も知らないかのように引きこもることしかできない女性という存在を嘆いている。こうした女として生まれた不幸を背負いながらも、なお主体的に生きたいという紫の上の念願は、晩年においてはもはやいかんともしがたいものであった。

女性の身の処し方については、女三の宮の台詞のなかにも「もののあはれも知らぬ」がでてくる。

⑦「今はとて思し離れば、まことに御心と厭ひ棄てたまひけると、恥づかしう心憂くなむおぼゆべき。なほあはれと思せ」と聞こえたまへば、「かかるさまの人は、もののあはれも知らぬものと聞きしを、ましてもとよりしらぬことにて、いかがは聞こゆべからむ」とのたまへば、「かひなのかとや。思し知る方もあらむものを」とばかりのたまひさして、若君を見たてまつりたまふ(14)

出家してしまった女三の宮に対して、光源氏が懇願する場面である。源氏が、〝私は本当にうち棄てられたと恥ずかしく、心憂く感じる〞といい、「あはれ」と思ってくださいと引き止めるのに対して、女三の宮は、〝もともと尼は「もののあはれ」を知らないと聞いていますが、私には尼になる前から、もともとわかっていなかった〞と返している。ここまでの『源氏物語』の四つの用例は、すべて「知る」の主語は女性である。特に④・⑤・⑥は、「もののあはれ」を知りすぎていること、もしくは知っている風を装うことが揶揄されている。次は、『源氏物語』の最後の例である。

⑧もし心を得たらむに、さ言ふばかり、もののあはれも知らぬ人にもあらず、世の中の常なきことを、しみて思へる人しもつれなき、とうらやまいくも心憎くも思さるものから、(15)

浮舟の死に直面し、悲嘆のあまり病床に臥している匂宮を、薫が見舞いに訪れている場面である。薫は、その憔悴しきった様子をみて、匂宮と浮舟との関係を確信し、むしろ悲しい気持ちが醒めていった。それを、浮舟の死を悲しまない冷静な姿とみた匂宮は、薫のことを〝もののあはれを知らない人〟ではないはずなのに、と不信に思う。世の無常を悟った人は、かえって身近の不幸に冷静でいられるのだろうかと、うらやましささえいだいている。

『栄花物語』にも次のような用例がある。

⑨　中宮〔彰子〕もののあはれもいつかは知らせたまはん。これこそはじめに思しめすらめ(16)

⑩　殿の内、親しきはことわりなり、もののあはれをも知るまじき者ども、涙を拭はぬなし(17)

⑨は、一条院の崩御をうけての場面である。中宮彰子のこれまでの人生は、一二歳で入内してから、立后、皇子の出産と順風満帆の体であり、かつ身内の不幸に出会うこともなかった。このとき彰子は二四歳。したがって、一条院との死別によって、彰子がはじめて「もののあはれ」を知ることになるのである。⑩は、藤原道長の六女。嬉子が一九歳で亡くなったときの描写である。「親しき」者たちはもちろんのこと、あらゆる人がその死を悲しんでいる。この「もののあはれも知るまじき者」とは、基本的には、情けを解さないと

される身分の低い人達のことを指している。

⑪さこそあれ、御心のひがませたまへれば、もののあはれ、有様をも知らせたまはぬと、さかしう聞こえさせける。(18)

道長によって、参入後の日も浅く、子供もいない妍子《けんし》（道長の娘）が先に立后してしまったことについて、娍子《じょうし》の女房たちは、周りの人達の心配などを娍子に教えたりすることで非難をする。娍子は、なぜそのようなことをうるさくいうのかと諌めて、「後の世の有様のみこそ、わりなけれ(19)」（後世のことを考えることだけで、精一杯である）と周りの女房に答える。それに対する女房たちの反論が引用箇所である。〝お心が素直ではないから、「もののあはれ」や世間の事情もお分かりにならないのです〟と、実に辛辣に主人を批判している。

『とりかへばや物語』にも「もののあはれ」と「知る」の組み合わせは一例見られる。

⑫この世近き方はなく、唐国の心地ものすくくしう、深きもののあはれなどは知られ給はずやあらん(20)

俗世を離れて吉野に暮らす宮がいる。その宮は、先帝の第三皇子で、若くして学問を求めて唐に渡り、当地で結婚して二人の姫君を儲けたが、妻に先立たれたため、娘を連れて帰国。今は、出家して吉野に隠棲している。この場面は、傷心の権中納言が、その宮を訪ねて行ったところの一文である。宮の住まいの様子をみて、唐そだちでは、「深きもののあはれ」などはわからないのではないかと推測している。異国とくらべての、日本的なしみじみとした情緒のようなものを指しているのだろう。

吉田兼好『徒然草』の有名な章段も確認しておきたい。

⑬あだし野の露きゆる時なく、鳥辺山の烟立ちさらでのみ住みはつる習ひならば、いかにもののあはれもなからん。世はさだめなきこそ、いみじけれ。……ひたすら世をむさぼる心のみふかく、もののあはれも知らずなりゆくなん、浅ましき。(21)

恒久的なものには「もののあはれ」は存在しない。必ず老い、死ぬことから逃れられない人間とはまさに「さだめなき」存在であり、死別を頂点とした、別れこそが人生の悲しみの中心を占めている。ここでは火葬場から立ち上る煙から感じられる、この世の運命の哀れさ、はかなさを冒頭の「もののあはれ」があらわしている。「もののあはれ」が「知る」と結びついて出てくるのは、この段の最後である。無駄に長生きすることで、ただ俗世間のあれこれを「むさぼる心」ばかりが強くなっていき、徐々に「もののあはれ」が分からなくなっていくことを、「浅ましき」と表現している。

『徒然草』には、もう一例みられる。

⑭ある荒夷《あらえびす》の恐ろしげなるが、かたへにあひて、「御子《おこ》はおはすや」と問ひしに、「一人も持ち侍らず」と答へしかば、「さては、ものの哀は知り給はじ。情《なさけ》なき御心にぞものし給ふらんと、いと恐ろし。子故

にこそ、万のあはれは思ひ知らるれ」と言ひたりし、さも有りぬべき事なり。(22)

おそろしげな東国の武士が、子供がいないという傍らの人に向かって、〝それでは「もののあはれ」は知らないでしょう〟という。なぜならば、人は子供を持つことによって、あらゆる「あはれ」を知ることができるからだと主張する。文脈からすると、あらゆる人間の情味を「もののあはれ」としていると思われる。

以上の一四例の「もののあはれを知る」の主語（もしくはそれが指示している者）と、その後に続く表現をあらためて挙げると次のようになる（「もののあはれ」は――で示す）。

①（楫取）――も知らで
②（あやつこ・よぶこ）――を知りて
③（兵部卿宮）――知らぬやうなり
④（仮定の妻）――知りすぐし
⑤（懸想文をもらう女性）――も知り顔つくり
⑥（女性一般）――をりをかしきこと）をも見知らぬさまに
⑦（尼）――も知らぬものと聞きしを
⑧（薫）――も知らぬ人にもあらず
⑨（中宮彰子）――もいつかは知らせ給はん
⑩（下郎の者）――をも知るまじき者ども

⑪（娍子）――（有様）をも知らせたまはぬと
⑫（吉野の宮）――などはしられたまはずやあらん
⑬（年老いた人一般）――知らずなりゆくなん、あさましき
⑭（子を持たない人一般）――は知り給はじ

まず一四例中、「知らぬ」といった表現に代表される否定形が一〇例もあることがわかる。さらに、④と⑤は、知りすぎている、もしくは知っていると振るまうことを批判する文章である。つまり、「もののあはれを知る」という事例の約九割は、否定的な意味で使われていることがわかる。⑩は、いつ知ることになるだろうかという文脈で、評価的な軸はないために、純粋に肯定的に「もののあはれを知る」が使われている事例は、②の一例しかないことになる。もちろんこれらは、「もののあはれ」を否定しているのではなく、むしろ「もののあはれを知る」ことが前提にあるからこそ、それを知らないことへの批判的な文脈になっている。

その主語に注目すると、一四名中、半分の七名が女性である（⑬と⑭は男女ともあてはまる）。男性のみをさしているのは五名であり、そのうちの①楫取、⑩下郎の者は身分の低いものである。いわゆる上流階級の人のなかで、⑧の「薫」は、浮舟が亡くなったというという特殊な状況であり、⑫の「吉野の宮」も、唐土帰りという背景を持っている。また、⑬・⑭は男女ともに当てはまるが、前者は年老いている状態、⑭は子供がいないという、いわゆる〝普通〟とは異なる人達を指している。

ここには、一般的な男性は、「もののあはれ」を知っているという前提がある。「もののあはれ」を知って

いることが、一人前の条件なのである。ここから外れた人物（女性・身分が低いなど）や、特定の状況にいるとき（外国ぐらし・老いなど）に、「もののあはれを知る」という表現が使われているために、文脈として否定的・批判的なものが多くなっている。〝立派な大人〟の厳然たる評価軸として「もののあはれを知る」が位置づけられていたことがわかる。

ただし、その内容はやや変化している。基本的には、『大和物語』や、『徒然草』の「鳥辺山」に代表されるように、人は必ず死ぬという悲哀を中心とした無常観こそが「もののあはれ」である。そのなかで、特に「男女の別れの哀しさ」に特化して使ったのが『源氏物語』である。それが、徐々に「よろづのあはれ」（『徒然草』の荒夷の台詞）のように、あらゆる人の深い感情を指し示す言葉となっていく。「物のあはれを知る」の用例ではないが、『徒然草』の次の箇所をみてみたい。

折節の移りかはるこそ、ものごとに哀なれ

「もののあはれは秋こそまされ」と人ごとに言ふめれど、それもさるものにて、今一きは心もうきたつものは、春の気色にこそあめれ。鳥の声などもことの外に春めきて、のどやかなる日影に、垣根の草もえいづるころより、やゝ春ふかく霞みわたりて、花もやう〳〵けしきだつほどこそあれ。折しも雨風うちつゞきて、心あわたゝしく散り過ぎぬ。青葉になり行くまで、よろづにたゞ心をのみぞ悩ます。花橘は名にこそおへれ、なほ、梅の匂ひにぞ、いにしへの事も立ちかへり恋しう思ひいでらるゝ。山吹の清げに、藤のおぼつかなきさましたる、すべて、思ひすてがたきこと多し。(23)

最初に「もののあはれは秋こそまされと人ごとに言ふめれど」とあるように、『拾遺和歌集』の「春はたゞ花のひとへに咲く許《ばかり》物のあはれは秋ぞまされる」(24)（読人しらず）などに代表される、季節感覚は一般的なものであったといえる。夏から秋へと移行する物哀しさである。それに対して、この章段では、冬から春への移行には「心もうきたつ」とした「あはれ」を感じている。消失（夏↓秋）だけでなく、生成（冬↓春）への移ろいにも、「さだめなき」存在故の美的情緒をみいだしているのである。

時代が進んでいくにつれて、「もののあはれ」は、人が身につけるべき素養としての感情となっていく。それは「もののあはれを知る」において、「もののあはれ」よりも「知る」のほうに重点が移っていったともいえる。それがよく分かるのが上杉鷹山による『老の心』（子女の婚礼に際して書き送ったもの）の次の一節である。

> 常には、和書、歌書などもて、心を養はれよ。……和歌を玩べば物の哀を知る事も深く、月花に対しても感興深く、自然と、心ばへ卑劣にならで、大いに、性情を養ふ助けとならん(25)。

鷹山は和歌・物語の学びの教育的側面を認め（「心を養はれよ」「大いに、性情を養ふ助けとならん」）、「物のあはれ」を深く知るようになること・「月花」など自然の景物に対して感受性が深くなること・心性が高尚になることにその教育の効果を認めている。これ以前にも斯波義将《しばよしまさ》による家訓『竹馬抄《ちくばしょう》』には、

> 尋常しき人は、かならず光源氏の物がたり、清少納言が枕草子などを、目をとゞめていくかへりも覚

え侍べきなり。なによりも人のふるまひ、心のよしあしのたゞずまひをしへたるものなり。それにてをのづから心の有人のさまも見しるなり[26]。

とあり、『源氏物語』や『枕草子』などの「和書歌書」によって、「人のふるまひ、心のよしあし」を覚えるようにとの指示が見られる。他にも、伊勢貞親《さだちか》の家訓『伊勢貞親家訓』には「歌道は両道（弓馬）の外の第一と心得べきなり[27]」、北条早雲《そううん》の家訓『早雲寺殿《そううんじどの》廿一ヶ条』には、「歌道なき人は、無手に賤しき事なり。学ぶべし[28]。」とあり、特に歌道こそが心を養うものとして積極的に薦められていることがわかる。

上杉鷹山は、「物の哀を知る」ことができるとして、和歌を学ぶことを薦めていた。ここには哀感といった特定の感性ではなく、より深い、人間として学ぶべき感情といった捉え方がされている。つまり「もののあはれを知る」という行為において、「もののあはれ」の中身とともに、「知る」という行為が強調されていったのが、近世以降の「もののあはれ」といえる。

江戸時代での用例もひとつ確認しておきたい。浄瑠璃『ひらかな盛衰記』である。元文四（一七三九）年、大坂竹本座で初演された『ひらかな盛衰記』で、朝敵の汚名を着て敗死した木曾義仲の御台山吹御前は、一子駒若《こまわか》とひそんでいるところを、木曾の残党を探索している番場《ばんば》の忠太に発見される。朝敵の遺児ということで駒若を殺そうとする忠太に向かって、どうぞ駒若だけは見逃してやってほしいと、次のように懇願する。

生きとし生ける物ごとに、物の哀れは知るものぞ。とりわけ武士は情を知る。みづからはともかくも、

この子が命を助けたい。慈悲ぢや功徳ぢや後世ぢやと、涙とともに詫び給ふ(29)

駒若は朝敵の血を引く男子であるから、これを殺すことは忠太の任務上の立場においては善である。しかし、ひとりの人間としてはどうか。もしも忠太が「物の哀れ」を知る人であるならば、いたいけな子供の首をはねることなどしないだろうと、山吹御前は懇願するのである。

なお宣長の「もののあはれ」論は、次の藤原俊成の歌から始まっている。

恋せずは人はこゝろもなからましもののあはれも是《これ》よりぞ知る(30)

宣長の「もののあはれ」研究の出発点となった『安波礼弁』に引用されているこの俊成の歌は、「もののあはれ」を知ることが後天的に獲得されるものであること、またそれが獲得されるべきものであることを示している。つまり、恋をする前は、人はまだ〝心なき〟状態ともいえる。恋という特権的な経験によって、人は「もののあはれ」を知り、〝心〟ある人となるのである。

第二項　三種類の先行研究

以上の用例を参照しつつ、宣長の「道」と「物のあはれ」の関係についてみていきたい。研究史を振り返ると、その捉え方は【段階論】【二元論】【一元論】の三つに分類できると考える。

【段階論】

これは、「もののあはれをしる」ことは古道を理解するための学習過程のひとつであるとの解釈であり、例えば、勝原晴希[31]は『紫文要領』から『小櫛』への改訂に、「世の中にあらゆる事に、みなそれぐに物の哀はある也」との捉え方から、「和歌は〈道〉に包括され、和歌と結びつく〈もののあはれ〉は世界のすべてにわたるもの（＝〈道〉）ではなくなった」という考えへの変化がみられるとし、次のように述べる。

〈もののあはれ〉あるいは〈もののあはれをしる〉ことは、和歌・物語に深く関わるものとして、「その言葉自体は」残されたが、もはや世界のすべてに関わるものとしてではなく「古の道をしるべき階梯」として位置づけられたのである。[32]

つまり、「もののあはれ」とは一貫したものではなく、古道が台頭するに及んで変質がみられる概念だとする。当初構想された「もののあはれ」は、世界のありようを知ることができる唯一のものであったが、その地位を「古の道」に譲る形で、最終的に「もののあはれ」はひとつの「階梯」としての概念に落ち着いたという。この【段階論】をとる場合、勝原も引用しているように、『うひ山ぶみ』の次の箇所が基本的な根拠となる。

すべて人は、雅の趣をしらでは有べからず。これをしらざるは、物のあはれをしらず、心なき人なり。かくてそのみやびの趣をしることは、歌をよみ、物語書などをよく見るにあり。然して古人のみやびたる情をしり、すべて古の雅たる世の有さまを、よくしるは、これ古の道をしるべき階梯也(33)。

これは、「すべてみづから歌をもよみ、物がたりぶみなどをも常に見て、いにしへ人の、風雅のおもむきをしるは、歌まなびのためは、いふに及ばず、古の道を明らめしる学問にも、いみじくたすけとなるわざなりかし(34)」という本文の詳説としての記載であり、『うひ山ぶみ』における「物のあはれ」の唯一の使用例の箇所である。

【二元論】

これは、「もののあはれ」は、あくまで文芸上の理論であり、基本的に古道からは独立しているとの解釈である。双方の影響関係は当然としつつも、文芸と古道の並立を強調するものであり、それぞれ独立した論理が展開すると考える。ただし、「もののあはれ」と古道に構造的共通性をみいだすのが【二元論】の特徴である。

例えば、上安祥子(35)は、古道における「神の道」は、歌道論において「物のあはれ」を形成した方法論によって作られたものとする。歌道論の個人間の「共感」が古道における社会の〈公共〉へと移行する際に、「もののあはれ」の方法論が使われたという。

また、東より子(36)は「自己意識」という概念を中核に、他生物からの優越性と神への従順という二つの命題に応えるために「もののあはれ」論は確立し、「神の道」へも応用されたとする。すなわち、「もののあはれをしる」とは「神の道」の存在の認識へと、「外の事」に心を預けるという「もののあはれ」の実践は「神」

への無条件の随順へと、それぞれ繋がっているという。

菅野覚明(37)は、その「神への随順」とは確かな秩序性を帯びているものであり、その確かさこそが宣長の考える「雅び」であるとする。そしてそれは「物への随順」を説いた「物のあはれ」と「雅言」との関係から生み出されたものとする。

以上のように、何を構造的共通とみるかにおいては論者によって異なるが、【二元論】は、古道論の中核が「物のあはれ」の方法論からの応用であること、そして、古道論が確立した後も、文芸論における「物のあはれ」論は変わらず存在していると捉えている立場である。

【一元論】

「もののあはれ」と古道論の統一体を説く解釈で、「もののあはれ」という感性が古道論の中核を担っているとする。あくまでひとつの学習課程とする【段階論】との相違はここにある。

例えば飛鳥井雅道(38)は、儒者的な「キツトシタル実情」に対して、生をよろこび、恋を肯定し、死をもっともつらい救いのないものとした「感性」を「もののあはれ」とし、この「感性」が『古事記伝』では、そのまま神々の世界に投影されているとする。したがって、宣長の思惟構造を理解するにあたって、過程としての『源氏物語』や『万葉集』ではなく、『古事記』『源氏物語』『万葉集』を一体のものとして捉えるべきと説く。

源了圓(39)は、宣長の「道」は「感性」によって支えられている「理性」によって構成されているとし、その土台としての「感性」とは「物のあはれ」的感動であるとする。死の悲しさをそのままに悲しむという「物のあはれ」こそが、実証主義としての「まことの道理」に繋がるという。

以上、「物のあはれ」と「道」の関係における解釈を、【段階論】【二元論】【一元論】の三つに分類することで見てきた。より明確にするために、図式化すると次のようになる。

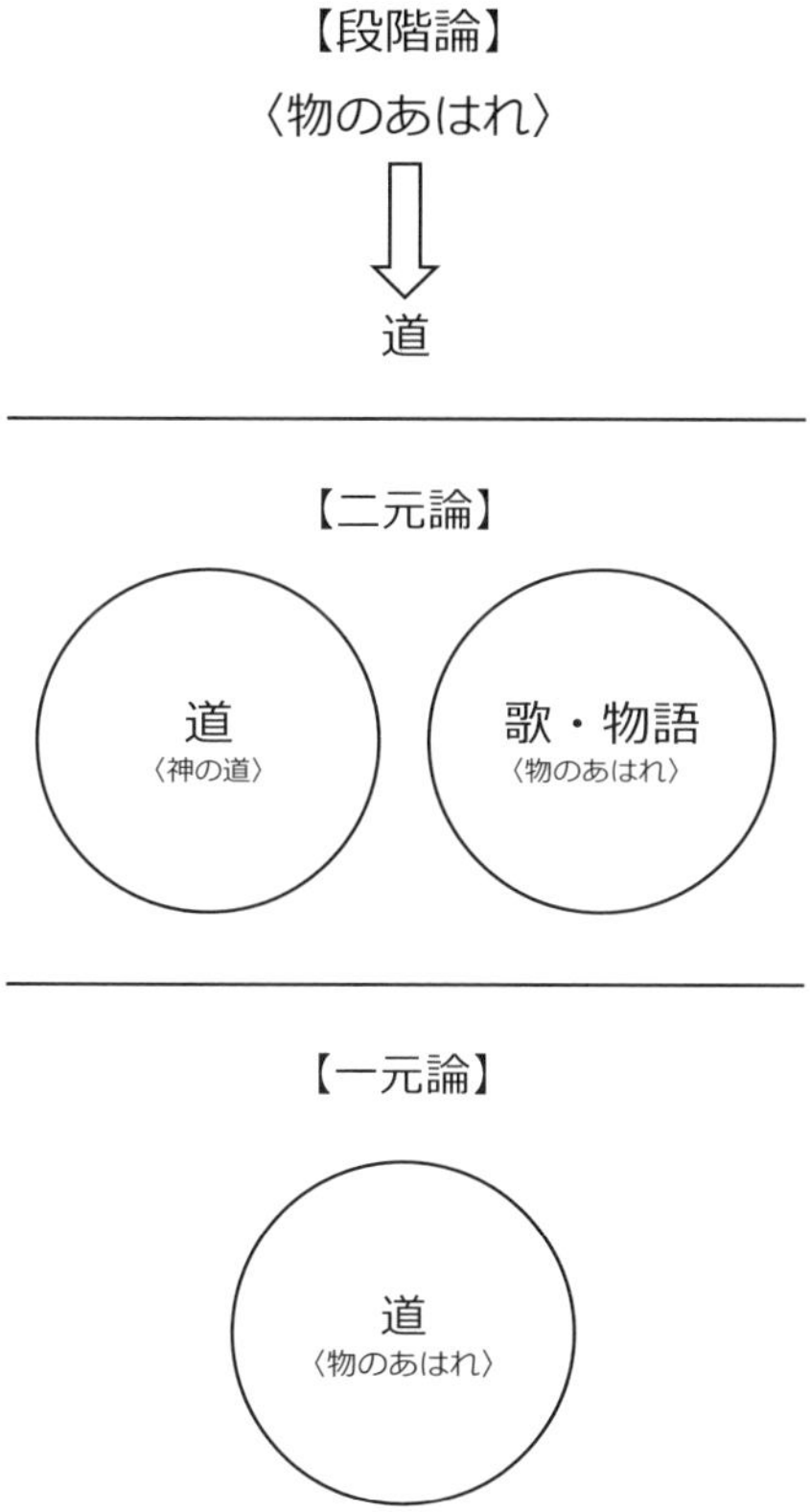

しかし、そもそもなぜこの両者の関係が、このような三様の見解を生み出しているのだろうか。それは、基本的に宣長が、「道」の文脈で「もののあはれ」という表現を使っていないためである。周知である日野龍夫の指摘を確認したい。

宣長は満七十一年の生涯のうち、宝暦十三年（一七六三、宣長三十四歳）一年間だけしか「物のあはれを知る」という言葉を口にしなかった。宝暦十三年とは、『紫文要領』が書かれた年であり、『石上私淑言』が書かれたであろうと推定されている年である。この両書には、これまでの引用が示すように「物のあはれを知る」の説が詳細に解説されている。これ以前には、『排蘆小舟』と『阿波礼弁』、および『本居宣長随筆』第十一巻第七三〇項に、「物のあはれ（を知る、感ずる）」という言葉が、この両者ほどの綿密な思索の裏付けなしに、いわば言葉だけの形で見えている。次に寛政十一年（一七九九）刊の『源氏物語玉の小櫛』の巻一・二に、「物のあはれを知る」という言葉が頻出する。しかしこれは『紫文要領』を改稿したもので、両者は本来同一の書物なのであるから、頻出するのは当然であり。そして右以外の宣長の著述には、「物のあはれを知る」という言葉はほとんど見当たらないのである。(40)

日野は、この「見当たらない」理由について、「物のあはれ」というのは、宣長が創出したものではなく、同時代の文学世界ではかなり流布していた文学的な心情概念であったことを提示することで、「結局、その言葉自体は宣長にとって重要なものではなかったと考えざるを得ない。日常の何でもない言葉を採用したのであるから、言葉自体は、忘れるという意識もなく使用しなくなってしまった」(41)と述べる。

この「重要なものではなかった」との言及は議論の余地を残すが、宝暦一三年を中心とする「物のあはれ」の使用に関して、基本的に事実的齟齬はない。したがって、「道」と「もののあはれ」との関係を捉えるにあたって、なぜ「道」の文脈で宣長は「物のあはれ」という言葉を使わなかったのか、という疑問に答えなければならない。

この点について【段階論】と【一元論】は不十分である。特に【一元論】で説かれるように、「道」の中核となる「感性」が「物のあはれ」であるならば、なぜ『古事記伝』で全く使われていないのか。特に『直毘霊』を中心とする総論的な役割を担う第一巻でも全く使用例がみられないのは説明がつかない。また【段階論】についても、同様の指摘が当てはまり、変質の結果としてひとつの「階梯」におさまったとしても、古人の「みやびの趣をしる」ことは、「道」にとってかなり重要な「階梯」である。それにも関わらず、それを支えているのが『うひ山ぶみ』での一例、しかも本文ではなく詳説での一か所というのは根拠として弱いと考えざるを得ない。

一方、【二元論】では、「物のあはれ」はあくまで文芸論上の理論であるという理由から、「道」が主体となる論考でその使用例が見られないことに一応の説明はつけられる。しかし「物のあはれ」という言葉が当然用いられてしかるべき書籍、具体的には『新古今美濃の家づと』（寛政三年成稿）にも確認できないのは何故なのだろうか。また『うひ山ぶみ』は、その内容の実に四分の三は歌についての言及である。そこでの用いられかたが、すでに指摘した様なものであることは、【二元論】でも説明がつかない。したがって、「物のあはれ」と「道」の関係に焦点を絞った場合、先行研究では不十分ということになる。

では結局、日野の言う「忘れるという意識もなく使用しなくなってしまった」という指摘が正しいのだろうか。しかしこれにも異論がある。それは、『小櫛』の存在である。日野は『紫文要領』の「改稿」であると単純に斥けるが、特に勝原が指摘しているように、その「改稿」はある種の主旨の変更を含んでおり(42)、「両者は本来同一の書物」と単純に片付けるには、留保が必要である。

第二節　「源氏物語玉の小櫛」の「物のあはれ」

第一項　「紫文要領」と「源氏物語玉の小櫛」との相違

宣長が『源氏物語』を最初に読んだのは、一九歳ごろだといわれている。二九歳に始まった松坂での講釈は、その後約四〇年に及ぶ。そうして宝暦一三（一七六三）年六月七日、三四歳のときに、宣長は源氏物語論として『紫文要領』を書き上げる。ただし、これは人の目にふれることなく三〇年の月日が流れる。藤井高尚の序文によると、浜田藩主松平康定の懇望があり、源氏物語論は再開され、寛政八（一七九六）年に成稿し、同一一年に、『源氏物語玉の小櫛』（以下『小櫛』）として刊行されることになる。

基本的に『紫文要領』の改訂のため、宝暦一三年以降、宣長の著作では現れていなかった「物のあはれ」が、活発に議論されている[43]。宣長にとっての源氏物語とは、「大よそ此物語五十四帖は、物のあはれをしるといふ一言にてつきぬへし[44]」と記されるように、読む人が「物のあはれをしる」ためのものであった。そして、第一章で検証したように、『紫文要領』における宣長の「物のあはれ」は、「物の心」「事の心」で構成されているところに特徴があった。

さてその物事につきて、よき事はよし、あしき事はあしゝ、かなしき事はかなし、哀なる事は哀と思ひて、其ものごとの味をしるを、物の哀をしるといひ、物の心をしるといひ、事の心をしるといふ。されば此物語は、それをしらさむためなれば、よきあしき事をつよくいへる也[45]

其中にも猶くはしくわけていはは、わきまへしる所は、物の心事の心をしるといふもの也。わきまへしりて、其しなにしたかひて感する所が物のあはれ也。たとへはいみしくめてたき桜の盛にさきたるを見て、めてたき花と見るは物の心をしる也。めてたき花といふ事をわきまへしりて、さてさてめてたき花かなと思ふが感する也。是即物の哀也。然るにいかほとめてたき花を見ても、めてたき花と思はぬは、物の心しらぬ也。さやうの人は、ましてめてたき花かなと感する事はなき也。是物の哀しらぬ也。(46)

『紫文要領』では、「物の心」は二〇件、「事の心」は一二件の用例がみられる。しかし、実は『小櫛』において、これらの単語は、基本的に使われていないのである。(47)

『紫文要領』から『小櫛』への対応箇所における改変を確認してみよう。

①大方物語の体かくのことし、たゝ世にあるさま〳〵の事をかけるものにて、それをみる人の心も、右にひける如く、むかしの事を今の事にひきあてなそらへて、昔の事の物の哀をも思ひしり、又をのか身のうへをも昔にくらへみて、今の物の哀をもしり、うさをもなくさめ、心をもはらす也。②さて右の如く、巻〳〵に古物語を見てのこゝろはへをかけるは、すなはち今又源氏物語を見るもその心はへなるへき事を、古物語のうへにてしらせたるもの也。③右のやうにふる物語をみて、今にむかしをなそらへ、むかしを今になそらへてよみならへは、世の有さま、人の心はへをしりて、物の哀をしる也。とかく物語をみるは、物の哀をしるといふか第一也。物の哀をしる事は、物の心をしるよりいて、物の心をしるは、世の有さまをしり、人の情に通するよりいつる也。④されは源氏の物語も、右のふる物語の類にし

て、儒仏百家の人の国の書のたくひにあらされは、よしなき異国の文によりて、論すへきにあらす。たゝ古物語をもてことはるへし。故に巻〳〵に、やゝもすれは、むかし物語にもしか〳〵といふ事のみ多し。⑤中にも、紫式部源氏物語の本意は……[48]（「紫文要領」）

①大かた物語をよみたる心ばへ、かくのごとし、昔の事を、今のわが身にひきあて、なすらへて、昔の人の物のあはれをも、思ひやり、おのが身のうへをもむかしにくらべみて、もののあはれをしり、うきをも思ひなぐさむるわざ也。②かくて右のごとく、巻々に、古物語をよみたる人のこゝろばへを書るやう、すなはち今源氏物語をよまむ人の心ばへも、かくのごとくなるべきこと、しるべし。④よのつねの儒仏などの書を、よみたらむ心ばへとは、いたくことなるものぞかし。⑤さて紫式部が、此物語かける本意《ホイ》は……[49]（「源氏物語玉の小櫛」）

内容的に対応する箇所に①から⑤の番号を振った。①で一般的な「物語」を読む態度、②で源氏物語も同様の「心ばへ」を持つべきこと、③で「物語」を読むことと「物の哀」をしることの関係、並びに「物の哀」の説明、④で「儒仏などの書」との違いがそれぞれ説かれる。⑤は対応範囲を明確にするために冒頭のみ引用した。

一番の特徴は、『紫文要領』の③が一括して削除されていることである。ここは「物のあはれ」を説明している箇所であり、合わせて「物の心」もなくなっている。すでに述べたように、この箇所だけでなく、『小櫛』では「物の心」という単語は使われていない。

また①の部分だけを比較すると、内容としては他の箇所の変更はほとんど無いにも関わらず、「心をもはらす也」だけが削られたことが分かる。この「心をはらす」という行為は、特に詠歌における重要な作用として、『石上私淑言』で厳密に言及されていた。

> 歌といふ物は、物のあはれにたへぬとき、よみいでてをのづから心をのぶるのみにもあらず。いたりてあはれの深きときは、みづからよみ出たるばかりにては、猶心ゆかずあきたらねば、人にきかせてなぐさむ物也。人のこれを聞てあはれと思ふときに、いたく心のはるゝ物也。これ又自然の事也。たとへば今人せちにおもひて、心のうちにこめ忍びがたき事あらむに、其事をひとり言につぶ〳〵といひつゞけても、心のはれせぬ物なれば、それを人に語り聞すれば、やゝ心のはるゝもの也。さてそのきく人もげにとおもひて、あはれがれば、いよ〳〵こなたの心はるゝ物也。さればすべて心にふかく感ずる事は、人にいひきかせではやみがたき物也[50]。

歌による「心のはるゝ」という作用が詳細に説明されている箇所であるが、「心のはるゝ」段階として、「人に語り聞」かせることが重要であり、さらにその人が「げにとおもひて、あはれが」ることが「いたく心のはるゝ」には肝要だとする。この「げにとおもひて」とほぼ同じ表現が、『紫文要領』にも登場していた。

> 花見るときの心はかやうの物。月見る心はかやうの物。春の心はかやう〳〵秋の心はかやう〳〵、郭

公をきゝたる心はかやうの物。恋するときの思ひはかやう〱の物。あはぬつらさはかやうの物。あふうれしさはかやうの心と、くはしくかきあらはしたれば、それをわか心にこと〱くひきあてて推察し、げにさもあるへき事といふ意味をよく心得れば、それが物の哀をしりたるにて、今歌よむとき大なる益ある事也。歌のいでくる本は物のあはれ也。その物のあはれをしるには、此物語を見るにまさる事なし(51)

『源氏物語』を読み、「かやう〱」の心を知り、それを「わか心にこと〱くひきあてて」、それを歌として「人に語り聞」かせ、さらにその相手も「かやうの心」を「よく心得」ている者ならば、「げにさもあるべき事」と感じる。この一連の流れこそが「心をはらす」手順である。「物のあはれ」とは、誰もが心得ている「かやうの心」、すなわち「物の心」「事の心」があってこそ成り立つ。前提としての〝感情〟を知識として皆が会得しているからこそ、共感することができ、分かり合える＝「心をはらす」ことができるのである。

『紫文要領』には「心をはらす」という内容の語彙が四例存在していた。そのうちの三か所は「うしろみの方の物の哀」に関する文脈に纏まって見られ、その箇所は『小櫛』では一括して削除されているため、本文で検討した箇所も含めて『紫文要領』で見られた「心をはらす」作用に関する文脈はすべて取りのぞかれたことになる。

また「物の心」「心はるゝ」と同様に、『紫文要領』で使われていたのに、『小櫛』で見られなくなった例として、「世にあらゆる事にみなそれ〱に物の哀はある事也」という表現がある。

世中にありとしある事のさまぐを、目に見るにつけ耳にきくにつけ、身にふるゝにつけて、其よろつの事を心にあぢはへて、そのよろつの事の心をわか心にわきまへしる、是事の心をしる也、物の心をしる也、物の哀をしる也、……世にあらゆる事にみなそれくにの物の哀はある事也。(52)

世の中にあらゆる事に、みなそれぐに物の哀ある也。故に帚木巻には、うしろみの方は物のあはれしりすぐしといへり……(53)

『紫文要領』のこの箇所は、『小櫛』では無くなっている。ただしこれらは、「うしろみのかたの物の哀」に関する箇所として一括して削除されていることから、「心のはるゝ物也」とは異なり、ここからだけで「世にあらゆる事にみなそれぐに物の哀はある事也」だけを、対象としたかどうかは分からない。しかしこの捉え方は、世の中のすべての物や出来事に、「物の心」「事の心」があるという考え方が前提として成り立っているために、「物の心」「事の心」が見られなくなった『小櫛』において、この表現は成り立たなくなっていることも確かであろう。

以上、三〇年を経て『紫文要領』を書き直した『小櫛』には、「物の心」「事の心」が消滅するとともに、「物のあはれ」は世界のすべてにわたるものではなくなっていた。したがって、人々が共有すべき感情が失われ、共感することは難しくなり、「心をはらす」働きは後退する。それでは、「物の心」「事の心」によって構成されない宣長の「物のあはれ」とは、どのようなものになったのだろうか。

第二項「事の心」から「物のあはれ」へ

『小櫛』二の巻は「物のあはれをしる」とは何かという疑問から始まっている。

物のあはれをしるといふ事、まづすべてあはれといふはもと、見るものきく物ふるゝ事に、心の感じて出る、嘆息《ナゲキ》の声にて、今の俗言《ヨノコトバ》にも、あゝといひ、はれといふ是也。(54)

「あはれ」とは、「嘆息の声」である「あゝ」と「はれ」であり、それらが重なったものとされる。ここから言語的な解説が続き、

後の世には、あはれといふに、哀の字を書て、たゞ悲哀の意とのみ思ふめれど、あはれは、悲哀にはかぎらず、うれしきにも、おもしろきにも、たのしきにも、をかしきにも、すべてあゝはれと思はるゝは、みなあはれ也。(55)

と、哀しみに限らない、喜怒哀楽すべての感情において、思わず「あゝ」や「はれ」という「嘆息の声」を出してしまうものすべてを「あはれ」と位置づけている。そして、

字書にも、感は動也といひて、心のうごくことなれば、よき事にまれあしき事にまれ、心の動きて、あゝはれと思はるゝは、みな感ずるにて、あはれといふ詞に、よくあたれるもじ也。(56)

と述べられ、「あはれ」と「感」という漢字は「心のうごく」という点で非常に親和性のある言葉とされる。そして『小櫛』における「物のあはれをしる」を端的に説明しているのが、次の文章である。

人は、何事にまれ、感ずべき事にあたりて、感ずべきこゝろをしりて、感ずるを、もののあはれをしるとはいふを、かならず感ずべき事にふれても、心うごかず、感ずることなきを、物のあはれしらずといひ、心なき人とはいふ也(57)

比較のために『石上私淑言』の説明も次に挙げる。

事にふれてそのうれしくかなしき事の心をわきまへしるを、物のあはれをしるといふなり。その事の心をしらぬときは、うれしき事もなくかなしき事もなければ、心に思ふ事なし(58)。

『石上私淑言』での「物のあはれをしる」という行為において重要なのは、何を感じるか、という対象であった。それに対して『小櫛』では感じるか否か、という行為そのものに視点が向けられている。

第一章で確認したように、宣長「物のあはれ」論は、「物の心」「事の心」によって説明されるところに特徴があった。宣長以前は「物の心」を知ることは、そのまま豊かな感受性を手に入れることと同義であった。それに対して宣長は、知識の獲得（「物の心」）と、感受性の発露（「物のあはれ」）を、はっきりと分け、より心を動かす前段階の知識としての性格を強くした。それを深めるために、『石上私淑言』は未完となり、古事記研究にすすんでいったのである。しかし、その作業を三五年の古事記伝研究においてほぼ終えた時に、結局「物のあはれ」は、知識ではなく、感受性の発露という、ある意味従来的な定義に回帰したといえるのである。

おわりに

最晩年の六九歳のときに書いた『宇比山踏』には、次のような一節がある。

そもく此道は、天照大御神の道にして、天皇の天下をしろしめす道、四海万国にゆきわたりたる、まことの道なるが、ひとり皇国に伝はれるを、其道は、いかなるさまの道ぞといふに、此道は、古事記書紀の二典に記されたる、神代上代の、もろくの事跡のうへに備はりたり(59)

もともと「物のあはれ」を構成する「物の心」「事の心」を知るために、「道」の探求は始められた。具体的には、古事記を通して、心の背景である国を知ろうとした。理想の心を手に入れることを、歴史の学びに委ねたのである。

しかし、そこで得たものは、この国には「まことの道」が存在しているという確信であった。「まことの道」が唯一伝わってきている「皇国」に生を受けた人間がするべきことは、外部から余計な知識を採り入れることではなく、いかにありのままにでいるかであった。したがって、「物のあはれ」は、学ぶべき対象から、感じるままに「うごく」「うまれつきたるままの心」に〝戻って〟いったのである。

長期間にわたる古道研究をとおして、国への絶対的な信頼が確立し、この国に生まれたこと、生まれた存在を無条件で肯定できるようになったことによる結果として、宣長の「物のあはれ」の特徴は消えていったのである。

註

（1）『書簡集』、第一七巻、六一―六二頁
（2）坪内逍遥「小説神髄」（『坪内逍遥集』角川書店、昭和四九年、六八―六九・七六―七八頁）
（3）和辻哲郎「「もののあはれ」について」（『日本精神史研究』岩波文庫、一九九二年、二二四頁）
（4）鈴木知太郎・河口久雄・遠藤嘉基校注『日本古典文学大系　土佐日記・かげろふの日記・和泉式部日記・更級日記』岩波書店、一九五七年、三〇頁
（5）大野晋は、この『土佐日記』の箇所について、次のように述べている。「モノが『きまり、運命、動かしがたい事実。世の人がそれに従い、浸る以外にはあり得ない自然の移り行き、季節』などを意味することは既に述べた。……だから先に見たように、別れの酒を酌み交わす人々に向って『いい風が吹いてきましたぜ。潮も満ちてきた。さっさと行きましょう』と自分だけ酒を飲んでしまって、騒ぎ立てる楫取は『人間の、避けがたい別れという運命のあわれさ』を知らないと紀貫之によって記録されたわけである」（『源氏物語のもののあはれ』角川書店、二〇〇一年、一八〇頁）
（6）前掲『源氏物語のもののあはれ』、一七九頁
（7）片桐洋一、高橋正治、福井貞助、清水好子校注・訳『新編日本古典文学全集　竹取物語　伊勢物語　大和物語　平中物語』小学館、一九九四年、二八〇頁
（8）前同、二八〇頁

（9）中野幸一校注・訳『日本古典文学全集　うつほ物語』小学館、二〇〇二年、一七六頁
（10）前同
（11）阿部秋生・今井源衛・秋山虔・鈴木日出男校注、訳『新編日本古典文学全集　源氏物語（1）』小学館、一九九四年、六三頁
（12）『新編日本古典文学全集　源氏物語（3）』、一九九五年、一七八頁
（13）『新編日本古典文学全集　源氏物語（4）』、一九九六年、四五六頁
（14）前同、三二二頁
（15）『新編日本古典文学全集　源氏物語（6）』、一九九八年、二一九頁
（16）山中裕・池田尚隆・秋山虔・福長進校注、訳『新編日本古典文学全集　栄花物語（1）』小学館、一九九五年、四七三頁
（17）『新編日本古典文学全集　栄花物語（2）』、一九九六年、五〇八頁
（18）前掲『栄花物語（1）』、五〇六頁
（19）前同
（20）大槻修、森下純昭、今井源衛、辛島正雄校注『新日本古典文学大系　堤中納言物語　とりかへばや物語』岩波書店、一九九二年、一六二頁
（21）佐竹昭弘、久保田淳校注『新日本古典文学大系　方丈記　徒然草』岩波書店、一九八九年、九四—九五頁
（22）前同、二一〇頁
（23）前同、一〇四—一〇五頁
（24）小町谷照彦校注『新日本古典文学大系　拾遺和歌集』岩波書店、一九九〇年、一四六頁
（25）「老の心」（上杉鷹山撰、大林徳太郎標註『桃の若葉・老の心　附・鷹山公訓言抄』私立高輪淑女学校、一九一〇年、二九—三〇頁）
（26）「竹馬抄」（小澤富夫『家訓』講談社学術文庫、一九八五年、二三二頁）
（27）「伊勢貞親家訓」（前同『家訓』、二四七頁）
（28）「早雲寺殿廿一ヶ条」（前同『家訓』、二六四頁）
（29）日野龍夫「宣長における文学と神道」（『宣長・秋成・蕪村』ぺりかん社、二〇〇五年、一〇七頁）より引用。
（30）久松潜一・松田武夫・青木生子・関根慶子校注『日本古典文学大系　平安鎌倉私家集』岩波書店、一九七八年、三二三頁

（31）勝原晴希「〈もののあはれ〉の変容　『紫文要領』と『源氏物語玉の小櫛』」（長島弘明編『本居宣長の世界　和歌・注釈・思想』森話社、二〇〇五年）
（32）前同、二一三頁
（33）「宇比山踏」、第一巻、二九頁
（34）前同、六―七頁
（35）上安祥子「本居宣長における〈公共〉世界―「自然の神道」にみる主体性と関係性」『経世論の近世』青木書店、二〇〇五年
（36）東より子「宣長神学の成立―「自然」から「神」へ」『宣長神学の構造―仮構された「神代」』ぺりかん社、一九九九年
（37）菅野覚明「道と雅び」『本居宣長』ぺりかん社、一九九一年
（38）飛鳥井雅道「宣長的感性の成立―キツトシタルハ実情ニアラス」『日本近代精神史の研究』京都大学学術出版会、二〇〇二年
（39）源了圓「情と理―本居宣長」『徳川合理思想の系譜』三陽社、一九七二年
（40）日野龍夫「宣長における文学と神道」『日野龍夫著作集　宣長・秋成・蕪村』ぺりかん社、二〇〇五年、一〇九―一一〇頁。なお子安宣邦は、この日野の発言を引いて、「この日野の推定は、宣長における『物のあはれ』概念の過小評価にともなうかなり程度の低い、くだらない推定だといわざるをえません」（『本居宣長とは誰か』平凡社新書、二〇〇五年、八〇頁）と述べている。
（41）前同、一一〇頁
（42）勝原晴希「『紫文要領』から『源氏物語玉の小櫛』へと、（1）「心をはらす」働きが後退し、（2）和歌との同一視が消失し、（3）〈もののあはれ〉は世界のすべてにわたるものではなくなり、（4）「好色」が「恋」に（「人情」が「もののあはれ」に）書き換えられ、（5）「物のあはれしりがほ」が強く戒められ、（6）朝顔が「女の本とすべき人」とされることとなった。」（前掲書、二〇六頁）
（43）厳密に言えば『紫文要領』を補訂した「源氏物語玉の小琴」の存在がある。明和五（一七六八）年以降、安永八（一七七九）年までに書かれたとされるこの稿本に対して、大野晋は『本居宣長全集』第四巻の「解題」で次のように述べている。「『紫文要領』において、思いあって言葉の足りないところを、平易に、和らげて表現しようと努力した宣長の気持が、よく理解できる。その基本的な立場に変動はないが、「源氏物語玉の小琴」の表現は『紫文要領』のそれよりも一層正確さを増しており、宣長の著作における推敲がどのようなものか、その一斑を知るに足りる。」（二八頁）。本書で検討している課題においては、『紫文要

領』と際立った内容の変更がないため、特別に併記することはしていない。
(44)「紫文要領」、第四巻、五七頁
(45)前同、二七頁
(46)前同、五七頁
(47)『源氏物語』からの引用文とそれを注釈する際には使用されている。
(48)前掲「紫文要領」、一八頁
(49)「源氏物語玉の小櫛」、第四巻、一八五―一八六頁
(50)「石上私淑言」、第二巻、一一二頁
(51)前掲「紫文要領」、二〇頁
(52)前掲「紫文要領」、五七頁
(53)前同、五八頁
(54)「源氏物語玉の小櫛」、二〇一頁
(55)前同、二〇二頁
(56)前同
(57)前同、二〇三頁
(58)前掲「石上私淑言」、百頁
(59)前掲「宇比山踏」、五頁

第四章　日本書紀本文批評
―「書紀の論ひ」から「神代紀髻華山陰」へ

宣長の歩み（四）

寛政一〇（一七九八）年六月一三日、宣長は、『古事記伝』四四巻を脱稿した。それはまさに生涯の願望が成就した瞬間であった。

私古事記伝も、当月十三日全部四十四巻卒業、草稿本書立申候明和四年より書はじめ、卅二年にして終申候、命ノ程を危ク存候処、皇神之御めぐみにかゝり、先存命仕候而、生涯之願望成就仕、大悦之至存候儀に御座候、乍慮外御歓可被下候(1)

成稿四日後の一七日付の荒木田久老宛の書簡である。宣長はすでに六九歳。書き始めの明和四（一七六七）年、三八歳から、三二年の歳月を経たことになる。「生涯之願望」とは、なんら誇張ではなく、むしろ「大悦之至」という表現が、控えめに感じられるほどである。

十三夜宵雲、深更月清、今夜於当家月見会、是古事記伝終業慶賀会也(2)

三か月後の九月一三日に、宣長は「古事記伝終業」を祝う月見の会を自宅で催す。そこで「披書視古」と題した次の歌を詠んでいる。

古事のふみをらよめばいにしへのてふりことゝひ聞見ることし(3)

古典を読むことで、過去に生きた人々の息遣いを感じることができる。あまりに素朴で看過しそうな歌ではあるが、三〇年以上、「古事のふみ」に向き合ってきた人物が吐露した心情とはこういうものかもしれない。

しかし、宣長の「古」への視線は、ここで燃え尽きることはなかった。

一か月後には、弟子の要請に応えるかたちで、国学の入門として『うひ山ぶみ』を脱稿し、この年の暮れには、本章で扱う『日本書紀』研究書、『神代紀髻華山陰』を書き終える。

そして、翌年の寛政一一（一七九九）年二月二五日、ふたたび吉野水分神社を訪れる。「父ノ宿誓」を果たすために一三歳のときに参詣した神社である。ただし、それ以来の訪問ではなく、明和九（一七七二）年に、ふと吉野の花を見たいと思いたち、五人の同行者とともに吉野・大和へと旅行をしたのだが、その際に立ち寄っている。この時で、すでに三〇年が経っていたが、「よろづの所よりも、心いれてしづかに拝」んだというように、水分の神様への信仰心は変わっていなかった。

かの度《タビ》は、むげにわかくて、まだ何事も覚えぬほどなりしを、やう〳〵ひととなりて、物の心もわきまへしるにつけては、むかしの物語をきゝて、神の御めぐみの、おろかならざりし事をし思へば、心にかけて、朝ごとには、こなたにむきてをがみつゝ、又ふりはへてもまうでまほしく、思ひわたりしことなれど、何くれとまぎれつゝ過こしに、三十をへて、今年又四十三にて、かくまうでつるも、契あさからず、年ごろのほいかなひつるこゝちして、いとうれしきにも、おちそふなみだは一也[4]

この年の前年に、宣長は『直霊』を書き上げており、それは本格的に古事記研究に着手してから、七〜八年ほどが経っていることになる。もちろん、それ以前から歌や書紀といった「むかしの物語」を通して、「神の御めぐみ」が「おろかならざりし」ものであることを実感する日々であった。ほとんど何も分からず対面した一三歳のときにくらべると、その積み重なった「心」の分、頬を伝う涙になったのだろう。

それから二七年後に、三度この地を訪れる。

命ありて三たひまゐきてをろかむも此水分の神のみたまそ[5]

そして、やはり自身の出生についての感謝と、合わせて両親への想いを歌う。

みくまりのかみのちはひのなかりせはこれのあか身はうまれこめやも[6]

ちゝはゝのむかし思へは袖ぬれぬみくまり山に雨はふらねと[7]

そして最後に、また帰ってくることを願っている。

みくまりの神のさきはふいのちあらは又かへりみむみよし野の山[8]

ただし、残念ながらこの願いはかなわず、この二年後に、宣長は七二歳で亡くなる。しかし「神」の「ちはひ」のおかげでこの世に生を受け、古事記伝を成就する。死ぬ前年には遺言書を書き上げ、あたかもすべてをやり終えてから死を迎えたかの生き様は、確かに神のご加護を感じさせるものであった。

はじめに

『日本書紀』（以下『書紀』）は、本居宣長が古学研究を進めるに際して、常に閲読していた書物であり、京都遊学時代に堀景山の所蔵本を目にしてから、『古事記伝』を脱稿する寛政一〇（一七九八）年までと考えても五〇年近く読み続けたことになる。

『古事記伝』中でも多く引用し、考察もしているが、宣長の書紀観を読み取ることができる『書紀』を主体の研究対象とした文章としては、二つあり、それは年代的に大きな隔たりがある。ひとつが明和八（一七七一）年、宣長四二歳の時に浄書が終了した「書紀の論《アゲツラ》ひ」（明和五年以降、明和八年以前成立。また同時期に書かれた「古記典等《イニシヘブミドモノ》総論《スベテノサダ》」も日本書紀論といっていい内容である）であり、もう一つが、宣長が六九歳の寛政一〇年に成立した『神代紀《ジンダイキ》髻華《ウズノ》山陰《ヤマカゲ》』（以下『山陰』）である。

「書紀の論ひ」は「古事記伝一之巻」に収載されているものであり、寛政一〇年とは『古事記伝』四四巻が脱稿した年である。つまりまさにこの二冊の間に『古事記伝』執筆期間が全て収まっていることになる。

本章では、従来の研究の主題としては取り上げられてこなかった『山陰』の分析を中核におくことで宣長の書紀観を把握し、それを通して晩年期における宣長の思惟構造を明らめることで、最終的にそこに至る変化の諸相を明確にしたい。

第一節　本居宣長の日本書紀観

第一項　漢字・漢文として

「意と事と言とは、みな相称へる物(9)」という言及のもと、宣長は『書紀』が漢文体で記述されていることを主な理由として、古語のまま記された『古事記』を古学第一の書とした。しかしそれは書紀の否定を意味せず、あくまで『古事記』に対して「次に立る物(10)」という地位を確保していた。よって宣長の『書紀』研究とは、『古事記』研究に付随する形で行われ、『古事記伝』は『書紀』研究書という側面も同時にもっているといえる(11)。

そもそも宣長の古学研究とは、『書紀』への批判がその端緒となっていた。それは要すれば、なぜ書紀ではないのかを言及している「古記典等総論」と「書紀の論ひ」という二つの論文から『古事記伝』が始まっていることからもうかがえる。したがって宣長の「道」の根幹を知るためには、宣長が『書紀』にどのように向き合ったかを把握しなければならないのである。

にもかかわらず、宣長の『書紀』研究に着目した論考はあまりみられない(12)。それは宣長自身が『書紀』批判の根幹をその「漢文」表記にあると明確にしていることから、もはや考察不要の問題とみなされていることと、一方で、「漢意」という概念を中軸に毀誉褒貶、両面の言説(13)が、宣長における『書紀』の本質を見えがたくしていることが理由として挙げられる。

そうしたなか、最初に把握すべきことは、宣長が『日本書紀』を、そしてその本文をどのように捉えていたかということを、通史的に分析することである。次項にて、宣長が六九歳の時に成稿した『山陰』にみられる『『日本書紀』本文』批評の有り様を詳細に検討するが、先ずそこに到るまでの経緯を把握するところから始めたい。

宣長の書紀研究は京都遊学時代（宝暦二―同七年）に師である堀景山の講義を受けたところから始まる。この遊学中に谷川士清（一七〇九～一七七六年）の『日本書紀通証』（宝暦元年成稿。同一二年に京都風月堂より出版）を借覧し書写している。

宝暦七（一七五七）年に、松坂に帰った後は、景山から譲られた『日本書紀』に、引き続き『日本書紀通証』を以て、漢字の訓詁や出典論を中心に書き入れるといった研究を続けているが、基本的には書写という形態のため、宣長の『書紀』に対する包括的な見解を探るのは困難である(14)。

今現ニナキヲ以テ、古モアルマジトハ、大ナルアテスイリヤウ也。古ノ事イカテハカリ知ヘキ。古ノ事ヲ知ルハ、只書籍也。ソノ書ニシルシオケル事ナレハ、古アリシ事明ラカ也。尽書ヲ信ズルハ愚也トテ、信セサル時ハ、古ノアラユル故事、ミナ信セラレス。然ル時ハ昔ヲシルヘキタヨリナシ。其ウヘ、霊異ヲミテ偽トシ、決シテ無事ト思フハ、ユキツマリタル腐儒ノ見識、ハナハタセハシ。夏虫氷ヲ説ヘカラズ。凡夫ノ臆見ヲ以テハ、ハカリカタキ妙用ハシラルマジキ事也。内典ニイハユル、不可思議ノ理也。怪力乱心ヲ語ラストハ、孔子一家ノ私言也。イハンヤ吾邦　神霊ノ妙々、尋常ノ見解ヲ以テ、トカク論スルハ、イトアヂキナキ事也。日本紀神代巻、見ルヘシ〳〵。

宝暦九（一七五九）年頃の成立とされる『排蘆小船』の一項目である。文芸論上の処女作として周知の歌論書であり、「古ノ事ヲ知ルハ、只書籍也」と述べるのは後の展開への萌芽を感じさせる。そしてその「書籍」として挙げられているのが、「日本紀神代巻」であり、ここでは後に見られるような批判的姿勢は存在していない。「霊異（ルビ　アヤシキ）」ものを否定する態度を「腐儒ノ見識」とするのは、「漢意」への端緒と考えられなくもないが、その鋒先がここで『書紀』に向けられることはない。

ただしすでにこの時点で、以下のような言語感覚を持っていたことは確認できる。

スヘテ文字ハミナカリ物也。末ノ事也。然ルヲ文字ト我国ノ詞ト、始メヨリ一ツナル物ト心得タルカ。コレ大ナル誤也。モトヨリアル言ニ、文字ヲカリ用ヒタル物ト云事ヲ知ラス。ワラフヘシ。和訓ノ、文字ニ害アル事ハ人々ヨクシレトモ、漢字ノ、我国ノ言ニ害アル事ヲ知人ナシ。和訓、文字ニ害アレハ、文字、又我国ノ語ニ害アル事、イハスシテシルヘシ。サレハ文字ニツキテ言ヲ解スルハ、末ヲタツネテ本ヲワスル、也。(16)

「歌」の考察において、「文字」の詮索からではなく、もともと存在していた「詞」から考えるべきだと主張する箇所である。ここでは特に「漢字」を、「我国《ワガクニ》ノ詞（語）」の対立項として挙げ、前者の後者に対する「害」が指摘される。ここでは歌論の範疇に留まるが、次にみる『阿毎菟知弁《あめつちのべん》』では、ほぼ同様の文脈にて『書紀』が言及される。

宝暦一一（一七六一）年三月の奥付を持つこの小冊子は、主に「天地」の訓みを考察したものであるが、そこで宣長は以下のように述べている。

> 予嘗テ謂フ人皆和訓ノ文字ニ害アルコトヲ知テ、未タ漢字ノ古語ニ害アルコトヲ知スト。是レカ為メ、夫ノ日本紀ノコトキ、文字ハ是レ舎人親王ノ註ナリ。訓モ亦多クハ後人己レカ意ニ率フテ竄定スルトキハ、則其ノ旧ヲ存スル者ノ幾ント希レナリ。但旧事紀古事記幸ニ古言ヲ失ハザル者ノ多シ。学者宜ク讐校シテ詳ニ択フベシ。上古ノ時未ダ墳籍有ラズ、口口相伝ヘ、前言往行存シテ忘レズ。文字西ヨリ来ルニ迨テ、和語ヲ以テ之ヲ訓シ、漢字之ヲ記ス。訓詁一ヒ舛テ、旧義漸ク泯、則遂ニ文字ヲ以自然ノ語言ト為ルニ至ル。是ニ於阿毎矩爾ノ古言失ス[17]

おそらく『排蘆小船』での言及を念頭に、「予嘗テ謂フ」という表記で始められるこの箇所において、初めて否定的な意味合いで『日本書紀』が登場する。

「漢字ノ古語ニ害アルコト」の例として「日本紀」が挙げられ、またその「訓」も、「後人」によって恣意的に改変されているとして、「旧義」の存在が「希レ」とされる一方、「古言」が失われていない書物として

「旧事紀古事記[18]」が提示される。「漢字」の到来により、「和語」がその「文字」によって記されているうちに、徐々に「漢字」が「自然ノ言語」となってしまったことが指摘されている。

また次に見る「舜庵随筆」でもほぼ同様の論旨が展開される。これは宣長が宝暦五（一七五五）年頃から寛政五（一七九三）年頃まで書き続けた「本居宣長随筆」と名付けられるものの中の一篇であり、記載年月は明確ではないが、その内容から『排蘆小船』後、『石上私淑言』以前に書かれたものであろうと考えられている[19]。

旧事紀古事紀〔ママ〕日本紀ノウチニ、日本紀ヲ以テ正史トスル事也。シカレトモ、歌学ノタメニ古語ヲ考ヘサグル為ニハ、旧事古事スグレタリ。其故ハ、此二記ハ文章ヲカザル事スクナクシテ、古語ヲソノマヽニ書ル事多シ。二記ノ中ニモ、古事紀〔ママ〕ハ別シテ古質也。日本紀ハ文章ヲカザリテ、悉ク漢文ニウツセルヲ以テ、古語ノ意失事モ多キ也。ソノユヘハ、点訓マチ〳〵ニシテ、後人ノ意ニ出タル事モ多クアルユヘ也。其点訓、タトヒ舎人親王ノ旧義ノマヽ、ナリトモ、元来漢文ニツキテ訓シタル詞ナレバ、其コトバツカヒ全古語也トハイハレヌ事多シ。只古語ノ全体ヲ見ニハ、旧古ノ二記ヨロシキ也。サテ旧古ト日本紀トヲ照シアハセテ、其義ヲ心得ヘキ也。日本紀ノ漢文ハ、舎人親王ノ註ナリト心得ヘキ也[20]。

『阿毎菟知弁』とあまり時期を違わず書かれたことを推測させる、類似性をもつ文章である。ただしそこで「古語」と対比されているものが、「漢字」から「漢文」に代わっていることから、表面上の表記以上の改変を感じさせる。具体的にはいかに「日本紀」において「古語ノ意」が失われているかということである。

ただしここでは、「古事紀」を「別シテ古質」と評価しつつも、「日本紀」の「正史」という確たる地位は揺らいではいない。それに変化が見られるのは、宝暦一三（一七六三）年に書かれた『石上私淑言』においてである。

答云、日本紀はすべて漢文《カンブン》をかざりて、うるはしからむとかける故に、古語にかゝはらず、たゞ文章を主《シュ》としてかける事多し。古事記は文章にかゝはらず、古語を主《シュ》としてかける物也。然るに末の代には、たゞ文章のうるはしき方にのみなづみて、古語を考ることなし。このゆへにもはら日本紀をのみ用ひて、古事記ある事をしらず。よりて古語は日々にうしなひゆく也。詞は本にして文字は末なる事をしらずかなしきこと也。……すべて何も〳〵、古事記を本文《ホンモン》として、日本紀を註解《チウカイ》として見るべき事也。殊に言の葉の道にをきては、古語《フルコト》をむねとして考ふべき事なれば、古事記は又たぐひもなくめでたき書《フミ》にて、此道にこゝろざゝむ人は、あけくれによみならふべき物也。(21)

「舜庵随筆」の「古語」と「漢文」という構図は変わらず引き継ぎつつも、「主」という言葉によって、前者が本質であることが明確になっている。したがって、ここにおいて「古事記」と「日本紀」の立場も逆転されることになる。それは「古事記を本文《ホンモン》として、日本紀を註解《チウカイ》として見るべき事也」という表現によって表される。これは「文字」伝来以前に口頭によって伝えられてきたのは「古事記」の「本文」であり、「日本紀」の文章は、その「本文」を「漢文」によって「注釈」したものであるとの捉え方である。(22)そして「日本紀」の「漢文」による「註解」において、「文章」を「かざ」るために、「古語」を蔑ろにした箇所もある

ことが示唆される。それは、

・日本紀ノコトキ、文字（「漢字」）ハ是レ舎人親王ノ註ナリ（「排蘆小舟」）
・日本紀ノ漢文ハ舎人親王ノ註ナリ（「蕣庵随筆」）

という元の文章にあった「舎人親王ノ」という文が省かれていることからも、『日本書紀』に対する批判的な姿勢が強まっていることが推察できる。否定的な意味合いの高まりにおいて、天皇の皇子に責任があるかのような文脈を避けたと考えられる。

こうした経過を辿り、『古事記』の「主」たる存在感が高まり、この翌年の明和元（一七六四）年から、本格的な研究が着手されるのである。

第二項　漢意として

明和八（一七七一）年に浄書が終了した「古事記伝一之巻」は古事記研究の総論と言える内容だが、そこに「書紀の論ひ」（明和五〈一七六八〉年以降、明和八年以前成立）と題された一遍が収載されている。先ずこの草稿にあたる「日本紀之論」（明和元〈一七六四〉年以降、明和四〈一七六七〉年以前成立[23]）をみてみよう。

コレ何ユヱゾトタツヌルニ、タレモ〳〵漢文《カラブミ》ニノミマドヒテ、大御国ノ古ヘヲワスレハテタレハソカシ。サレバ今ソノ書紀ノ事ヲアゲツラヒテ、学者ノカラブミノマヨヒヲサトシ、御国ノ学問ノ道シルヘシテ、此記ノ信ズヘキヨシヲアラハサント也。ソハ書紀ノワロキ事ヲサトラテハ、学者ノ漢文心《カラブミゴコロ》ノ痼疾《ヤマヒ》サリガタク、漢文ノ痼疾サラテハ、此記ノヨキ事アラハレガタケレバ也。(24)

「石上私淑言」における「本文」と「註解」による記紀観を引き継ぎつつ、ここでは完全に『書紀』批判が展開されている。「書紀」に付される「マドヒ」「ワロキ」「痼疾」という修飾表現からもそれは窺える。ここは、『書紀』のみが「尊ミ用テ」(25)、『古事記』は「ナホサリニ」(26)されてきた史的事実に対して、その理由として誰もが「漢文」に惑い、「大御国ノ古」を忘れてしまったことを理由とする。したがって、『書紀』の「ワロキ事」を理解し、「漢文心ノ痼疾」を斥け、『古事記』の「ヨキ事」を明らかにする必要があると説く。これが「書紀の論ひ」になると、次のような表記となる。

是何故にかと尋ぬるに、世人たゞ漢籍意《カラブミゴコロ》にのみなづみて、大御国の古意《イニシヘゴコロ》を忘れはてたればぞかし。故《カレ》其漢意の惑《マドヒ》をさとし、此記の尊ぶべき由を顕《アラハ》して、皇国《ミクニ》の学問《モノマナビ》の道しるべせむとなり。其は先書紀の潤色《カザリ》おほきことを知て、其撰述の趣をよく悟らざれば、漢意の痼疾《フカキヤマヒ》去《サリ》がたく、此病去らでは、此記の宜きこと顕れがたく、此記の宜きことをしらでは、古学《イニシヘマナビ》の正しき道路《ミチ》は知らるまじければなり。(27)

「日本紀之論」では「漢意」という言葉は使われていないため、ここが宣長によって『書紀』の文脈で「漢意」が使われた最初の箇所となる。

日本紀之論　　　　　　書紀の論ひ

「漢文ニノミマドヒテ」　↓　「漢意の惑」

「漢文心ノ痼疾」　↓　「漢意の痼疾」

「漢文心ノ痼疾」とは、『蕣庵随筆』からの流れから推測すると、本来書かれるべきであった「古語」が、「漢文」で「註解」されたことにより、本来の「意」とは異なるものになってしまうことを指していると思われる。「書紀の論ひ」でも、「漢籍意」という表記は使われている。

では「漢意」とはどのような意味なのだろうか。

この言葉は、ここでの使用を端緒に、寛政年間に至るまで長期にわたって使われたことが分かっており[28]、さらに『書紀』との結びつきも続くことになる。例えば『古事記伝』四四巻の浄書を終えた寛政一〇年一〇月に書かれた『うひ山ぶみ』では、次のように述べられる。

かの二典の内につきても、道をしらんためには、殊に古事記をさきとすべし。書紀をよむには、大に心得あり。文のまゝに解しては、いたく古の意にたがふこと有て、かならず漢意に落入べし[29]。

書紀は、朝廷の正史と立られて、御世々々万の事これによらせ給ひ、世々の学者も、これをむねと学ぶこと也。まことに古事記は、しるしざまは、いとめでたく尊けれども、神武天皇よりこなたの、御世々々の事をしるされたる、甚あらくすくなくして、広からず、審ならざるを、此紀は、広く詳にしるされたるほど、たぐひなく、いともたふとき御典也。此御典なくては、上古の事どもを、ひろく知べきよしなし。然はあれども、すべて漢文の潤色多ければ、これをよむに、はじめよりその心得なくてはあるべからず。然るを世間の神学者、此わきまへなくして、たゞ文のまゝにこゝろえ、返て漢文の潤色の所を、よろこび尊みて、殊に心を用るほどに、すべての解し様、ことごとく漢流の理屈にして、いたく古の意にたがへり(30)。

「古の意」が「漢意」の対立概念として挙げられ、「漢文の潤色」ある「文のまゝ」に『書紀』を理解することの危険性を説いている。記録書としての側面からみれば、『書紀』はその分量、詳細さにおいて『古事記』を凌駕するものである。しかし想定されるこの書の読者である「道を学ばんと心ざすともがら」(「初学の輩」)が、先ずすべきことは、

第一に漢意儒心を、清く濯《スス》ぎ去て、やまと魂《タマシヒ》をかたくする事を、要とすべし(31)。

と説かれることからも、『書紀』を読むためには、「漢意」に陥らない「心得」が必要であるとされる。また同年に書かれた『山陰』の序文もみてみたい。この書は、『書紀』神代巻の語句を上巻一八六項、下巻一一四項にわたり註釈したものである。そこで宣長は次のように述べている。

書紀は、いにしへぶみのあるが中に、もともたふとくめでたく、やむことなき御典《ミフミ》になむあるを、さ

るにとりては、古学のためにはしも、あかぬことはたおぼろけならずなむ有ける。しかいふ故は、まづふることしるす史《フミ》は、おほかた古のつたへごとを、失はずあやまたずして、後の世に伝へむためなり。(32)

『書紀』に「もともたふとくめでたく、やむことなき御典」と最大限の評価を与えている。ただし続けて、「あかぬこと」の存在が示唆され、一般論としての「ふることしるす史」の説明がされる。それによると、「古のつたへごと」を「失はずあやまたず」後世に伝えているために書かれたものとされる。「古記典等総論」では、「書紀修撰《ツクラ》しめ給ひし頃は、古記《フルキフミ》ども多く有つと見えたり」(33)とあり、具体的には「天皇記《スメラギノミフミ》」「国《クニノ》記《フミ》」「帝紀《スメラギノミフミ》」等の名が挙げられ、これらが「古記」であり、この「古のつたへごと」(34)と総称されていると考えてよいだろう。宣長は『書紀』が、その当時までに存在していた伝記の集成であると認識していた。

では同様に「古の実《マコト》のありさまを失はじと勤たること」(35)が「最上《カミ》たる史典《フミ》」(36)の根拠とした『古事記』との差違はどこにあるのだろうか。『山陰』において、続けて次のように述べられる。

此書紀のつくりやうは、さる古伝書にはよりながら、当時《ソノカミ》の世中の好みにかなへて、ことぐく漢ぶみぶりに改めて、詞にその方のかざりの多かるのみならず、事にさへ意にさへ、そのかざりをくはへなど、すべてよろづを、いかでからめきたらむと、つとめられたるほどに、なべての詞の、古にあらざることは、さらにもいはず、文の改めざまによりては、その事も意も、おのづからいにしへの伝のおもむきとは、たがへることもあり。(37)

「古言」で伝わっているはずの「いにしへの伝」が「漢ぶみぶり」に改められたことから、その「詞」はもとより、箇所によってはその「意」までもが改変されていることを指摘している。そして最後に『山陰』の執筆動機を次のように述べる。

　神の代のまことのたふとさを、ふたゝび世に顕さまほしくてなむ、かの潤色《カザリ》の漢文漢意《カラブミカラゴコロ》の砂ひぢりこを、ほりわけかきわけ、かき出し、又すべて此神世の御巻をよむ人の、こゝろうべきふしどもをも、それやかれやと、ちなみに書出せるなる。[38]

宣長にとっての『日本書紀』本文とは、「漢文漢意」によって「古のつたへごと」が覆い隠されている文章なのである。

既に『石上私淑言』における「古事記を本文として、日本紀を註解として見るべき事也」という表記を見たが[39]、誤った「註解」を正し、「本文」という、本来伝えられるはずだった「古伝書」の文を見つけ出す作業こそが、宣長にとっての『書紀』の訓読なのである。

こうした宣長の姿勢は、『書紀』に対する牽強付会な解釈、特に垂加神道的解釈に対するアンチテーゼとして形作られていったと思われる。すなわち後世の註釈に関しての不信感が、翻って『日本書紀』本文」への批判に繋がっていったのである。例えば、明和二（一七六五）年八月四日付の谷川士清に宛てた書簡の中で、次のように述べている。

足下の著はす所の日本紀考証を見れば、則ち宛然として儒者の言なり……垂加の輩の如きは、則ち惟《こ》れ神典を假り而《しか》うして儒道を説く者なり[40]。

ここで宣長は、先ず「契沖の学有りて、時流に溺れず、直ちに古書に拠り、以って之を考覈《こうかく》し、大いに邪説を闢《さ》け、而うして古学を倡《とな》ふ[41]」と契沖の方法論を紹介し、「卓見なる哉[42]」と称賛している。ここで言う「邪説」が「儒者の言」へと繋がることは明らかである。「垂加の輩」は、「神典」である『書紀』を解釈しつつも、その実は「儒道」を説いているにすぎないという。ただし、この書簡における批判は、「儒者」を主にする後世の学者に対してのものであり、『書紀』の内容や記述方にまで及ぶことはない。しかしこうした註釈、解釈への不信感が、後にそうしたものを生み出し得た「『日本書紀』本文」に向けられていったと考えられる。

実際この「書簡」でも、既に具体的事例として『書紀』に見られる「陰陽」「乾坤」「五行」といった単語が取り上げられ、「決して古人の言に非ざる也[43]」と指摘している。「古人の言」を「漢文」で表記した『書紀』は、それに沿って「意」の改変まで見られる。それらはすでに「古のつたへごと」ではなく、ひとつの「邪説」であると宣長は捉えていたのである。

本居宣長は「『日本書紀』本文」を「古のつたへごと」の集成であると認識しつつも、「漢文漢意」によってそれが覆い隠されている状態であると考えた。それは垂加的解釈への反発が端緒となり、「儒道」を根拠に論定する「儒者」に対して、〈あるべき文〉を見つけ出すという訓読に至る。前章までも確認したように、神世のことは「不可測」であり、詮索すること自体が、人として「神の御心」を知ろうとするかの僭越なる行いになる。宣長にとって、解釈とは基本的にすべて「邪説」なのである。したがって、宣長の「『日本書紀』本文」研究は、その内容の優劣の確定や真実の事柄の特定などを放擲したところから始まっていると言える。

しかしそれでは、宣長はどのような基準によってその「本文」が「古のつたへごと」かどうかを認定しようとしたのか。そのことについて、次節以降、その本文研究を具体的に検証していくことによって明らかにしていきたい。

第二節　神代紀髻華山陰の本文研究

第一項　古事記伝における三種類の引用

『古事記伝』において、宣長は『書紀』から多く引用しているが、その役割から次の三つに分類できる。

第一は〈註解としての引用〉である。宣長は『古事記』の注釈にあたって『風土記』・『万葉集』・宣命・祝詞等の用例を比較、検討することで語義を究明しているが、その中でも『書紀』は、宣長自身が「事を記さるゝこと広く、はた其年月日などまで詳にて、不足《アカヌ》ことなき史《フミ》」[44]というように、語釈史料として重要な位置を占めていた。またこの引用は同時に『書紀』自体の註釈も意図されていたといえよう。

第二は、〈異伝としての引用〉である。前章で述べたように、宣長は「古のつたへごと」を、基本的にその真偽で取捨選択することはしない。したがって『古事記』と比較した際、たとえそれが内容的に異なるものだったとしても、「異なる伝なり」（「伝の異なるなり」）と述べるに止まり、それを否定、排斥することなく、そのまま並置する。

第三は、〈批判的観点からの引用〉である。これは『書紀』本文に対しての過誤を指摘するという、一般的な宣長の『書紀』観の特徴を占めている引用であり、その目的は、対比として『古事記』の記述の正確性を提示するところにあると考えられる。

ではこの三つの引用頻度はそれぞれどれくらいなのだろうか。そこで試みとして「古事記伝三之巻」における、この三種の比率を挙げると、次のようになる。

（一）註解としての引用（九六件・約八四％）
（二）異伝としての引用（九件・約八％）
（三）批判的観点からの引用（九件・約八％）[45]

〈註解としての引用〉は八割以上であり、一般的な宣長の『書紀』観を支える〈批判的観点からの引用〉は一割にも満たないことが分かる。〈異伝としての引用〉も併せて捉えると、『古事記伝』における『書紀』からの引用の実に九割は、批判的傾向を含まない、純粋に参照としてのものであることが分かる。本文研究を詳細に考察する前提として、宣長の『書紀』観を考える一助とすべきであろう。

それでは宣長の『書紀』批判とは、一体何なのだろうか。それをみるために、次節以降『山陰』を詳細に論じてみることにしたい。

第二項　神代紀髻華山陰における六種類の批判的注釈

『山陰』に見られる批判的観点からの註釈を、その性質から整理すると、次の六種類に分類できると考える。

①衍文（無用な文字、文章の挿入）
②脱文（必要な文字、文章の欠如）
③改書（本来あるべき文字、文章の改変）
④誤写（意図的ではない①衍文、②脱文、③改書）
⑤誤釈（後世の人による誤った本文解釈）
⑥違伝（「古のつたへごと」への批判[46]）

以下、この六分類に沿って、宣長が展開した「『日本書紀』本文」ついての言及を検討していきたい。

①**【衍文】**（無用な文字、文章の挿入）

これは、本来伝わるべきであった「古へのつたへごと」に加えて、無用な字、文章が「『日本書紀』本文」に存在していることへの批判である。主に「漢籍」の文や単語を引用していることについてであり、例えば『書紀』冒頭の文である「古《いにしへ》に天地《あめつち》未《いま》だ剖《わか》れず、陰陽《めを》分れざりしとき、渾沌《まろか》れたること鶏子《とりのこ》の如くして、……然して後に、神聖《かみ》、其の中に生《あ》れます[47]」に関して、次のような指摘をしている。

これは漢籍《カラブミ》の文を、そのまゝに引出て、首《ハジメ》のかざりに加《クハ》へられたる、撰者の新意のしわざなれば、たゞ序文として、さしおくべし。……そも〳〵此文のおもむきは、みな漢国人の、例の己が心もておしはかりにいへることにて、皇国の古伝説とは、いたくたがへれば、心をとゞむべきにあらず。(48)

ここで宣長は、「漢籍」からの引用であること、その内容も「漢国人」の自分勝手な憶測から成っているものであること、したがって「皇国の古伝説」とは異なるとしている。そしてその言葉の存在自体を疑問視し、語義解釈に値しない（「心をとゞむべきにあらず」）と述べるのである。(49) 前章で述べたように、宣長の註釈は後世の人間による牽強付会な解釈を論難することから始まっている。そういった語義解釈に反論するにあたって、その文の存在自体の有無を議論することで、解釈する行為、行為者を批判する。同様の態度は、「乾道《あめのみち》独《ひとり》化《な》す。所以《このゆゑ》に、此《こ》の純男《をとこのかぎり》を成せり(50)」、「乾坤《あめつち》の道《みち》、相参《あひまじ》りて化《な》る。所以《このゆゑ》に、此の男女《をとこをみな》を成《な》す(51)」の箇所でもみられる。

これらはたゞ撰者の漢意を以て、さかしらに加へられたる、潤色の漢文にして、さらに〳〵古の伝説にはあらず。すべて乾坤などいふことは、もろこし一国の、私の妄説にこそあれ、実にさる理はあることなきを、いかなればかゝるうるさき外国の言を書加へて、清らかなる古の伝を、もてそこなはれけむ。……後世の漢意の学者も、同じくこれを悦びて……後の世の邪《ヨコサマ》なる説を引出るはしとぞなれりける。(52)

「潤色の漢文」が「後の世の邪なる説」を引き起こすという点において、その批判の鉾先は本文の内容というより、それに関わる行為者に向けられている。すなわち、この「私の妄説」を創り出した「漢国人」、それを採用した「撰者」、そして後に解釈した「学者」に対してである。後二者は「漢意」によって修飾されている。宣長は、語義解釈という作業の代わりに、その文章に関わった人々を糾弾することで、文自体の存在を否定し、その説明責任を果たすのである。

②【脱文】（必要な文字、文章の欠如）

これは「古のつたへごと」において、当然書かれてあったはずの文字、文章が省かれていることへの言及である。したがってその批判の鉾先は「古のつたへごと」の取捨選択を行った「撰者」へと向けられる。次の箇所は「国常立尊」に関して述べた箇所である。

> これより前《サキ》に、高天原に生坐る神五柱ますを、さしおきて、此国常立尊を第一に挙られて、これより前には、神なきが如くなるは、此国土を主《ムネ》として、天に生坐る神をば、撰者のこゝろしらひを以て、略かれたるもの也。然略かれたる意は、いかならむしるべからざれども、おしはかりていはば、高天原は、此国土をはなれて、外《ヨソ》のことなるに、其天上の事を、まづはじめに、説《トカ》むは、漢籍めかざる方ある故にてもあらむか。はた高皇産霊尊は、下巻に至りて、天照大御神と同時の神なるに、天地のはじめにこれを挙ては、時代のたがひ有て、漢意にかなはずとおぼしての事か。すべて此紀は、さる意つねに見えたり。[53]

『書紀』本文において、天地の初発神を国常立尊とし、『古事記』に記されている高天原に生まれた五柱の天神が削除されていることを宣長は批判する。そしてその理由は、「撰者のこころしらひ」にあると考え、次の二つを推察している。

第一は、「漢籍」に倣い、「天上」ではなく「国土」を中心に考えていること。つまり「外のこと」である高天原は、天地の初めの段に記すべきではないというのである。

第二は、「漢意」に従い、物語の合理性を重視したこと。すなわち「下巻」において天照大御神と共に登場する高皇産霊尊が、この時点で登場することにした場合の筋立てにおける齟齬への指摘である。その「撰者」の意図に対して宣長は、後に「天上」での様々な出来事を記しながら最初に高天原の言及がないこと、また天照大御神と並び称される高皇産霊尊が、国常立尊より前に記述がないことに対して、この「撰者のこゝろしらひ」に疑義を呈する。

同様の指摘は、「伊弉諾・伊弉冉尊、天浮橋《あまのうきはし》の上に立たして、共に計ひて曰はく……」(54)の箇所でもみられる。

此段のはじめは、古事記に、天神諸命以云々と見え、一書にも、天神謂云々　とあるごとく、かならず天神の詔命を受給ふ事の有べきに、其事のなきは、上段にも、天神を略かれたると同意にて、こゝも撰者の意もて、略き去給へりと見えて、いかゞなり。(55)

題材としては先の国常立尊と重なる「天神」の問題である。これは単にひとつの挿話の有無に止まらず、記紀の神々の体系、さらには世界観の相違として今に至るまで議論される箇所である。天地の初発神を国常立尊とする『書紀』は国土中心の世界観をもち、天之御中主神とする『古事記』は天上中心の世界観を有する。つまり宣長が『古事記』を選択したという事実は、それ以前の神職家が依拠してきた『書紀』による神々の体系の否定に他ならない(56)。

それは宣長の意図したところであり、『玉勝間』の「両部神道」の項で次のように述べている。

> まづ三教の勝をとるとはいへれども、その説《トケ》る事どもを見るに、たゞ儒と仏とをのみ取て、神道の意をとれることはさらになし。すべて仏の道をむねとして、儒をまじへ、又天文の事を多くいへり。かくて神道は、たゞ書紀の神代巻の、天地のはじまりの所の、潤色《カザリ》の漢文と、国常立など神の御名を、をり〳〵出せるばかりにこそあれ、其道の意とては、露ばかりも見えず、いかでかこれを神道と名づくることをえむ(57)。

すでに取り上げた谷川士清への「書簡」にみられる動機を、変わらなく持ち続けていることが確認できる。両部神道の「神道」とは名ばかりで、教義の根幹は仏教と儒教からなり、そこに『書紀』神代巻の神々の名を表面的に貼り付けたにすぎないと難じている。

このようにして「両部神道」・「儒者」等に向けられた批判の矛先の行方は、そもそもの「『日本書紀』本文」の記述への不満となり、最終的に「漢意」をもつ「撰者」に帰結する様を『山陰』で確認できるのである。

③【改書】（本来あるべき文字、文章の改変）

これは、本来「古のつたへごと」に書かれているべき文字、文章が改変されていることへの批判である。それは例えば次のような言及となる。

> こは伝説のまぎれて誤れるものか、はた例の撰者の、文を改むとて、誤り給へるか。其故は、鐔《ツミハ》鋒頭《サキタカミ》などより垂《シタダル》血は、おの〳〵皆神となりて、其名あるに、同じ劔にて、刃より垂《シタタル》血《チ》のみは、神とならずして磐石とならむこと、いかゞなればなり……然ればこゝの文は、復劔刃垂血、激超著天安河辺所在五百箇磐石一為神、号曰磐裂神、次根裂神、即此経津主神之祖矣、復劔鐔云々と有て、下なる劔鋒云々の神は、一日のごとく、磐筒男命磐筒女命なるべし。但し件の如くにては、下なる一書、又下巻の本書、又古事記などと、いさゝか違へども、そは伝々の異なるなれば、妨なし。[58]

伊弉諾尊が、火神軻遇突智《かぐつち》を斬り捨てたとき、その剣に滴る血から数々の神が生まれたとする、『書紀』では一書にみられる挿話に関する記述である。ここでは「刃」から「神」ではなく、「磐石」が生まれていることについて、誤りであると指摘している。「撰者」による意図的な改変の可能性の示唆であるが、それとともに本来あったであろう〈あるべき文〉が〈復元〉されている（「然ればこゝの文は……と有て……なるべし」）。では、どのようにして宣長はこの文章を手に入れたのだろうか。

> 復劔《またつるぎ》の刃《は》より垂《したた》る血、是《これ》、天安河辺に所在る五百箇磐石と為《な》る。即ち此《これ》経津主神の祖なり。……復剣の

鋒《さき》より垂る血、激越きて神と為る。号けて磐裂神と曰す。次に根裂神。次に磐筒男命。[59]

（『日本書紀』第六の一書）

軻遇突智を斬る時に、其の血激越《そそ》きて、天八十河中に所在る五百箇磐石を染む。因《よ》りて化成る神を、号けて磐裂神と曰す。次に根作神《ねさくのかみ》、児磐筒男神《こいはつつのをのかみ》。次に磐筒女神《いはつつのめのかみ》、児経津主神。[60]（『日本書紀』第七の一書）

ここにその御刀《みはかし》の前《さき》に著ける血、湯津石村《ゆついはむら》に走り就きて、成れる神の名は石拆神。次に根作神。次に石《いは》筒之男神《つつのをのかみ》。[61]（『古事記』）

復劔刃垂る血、天安河辺に所在る五百箇磐石に激越着きて神と為す、号けて磐裂神、次に根裂神と曰す。即ち此経津主神の祖なり。（宣長による「文」、前掲。書き下しは引用者）

宣長が「下なる一書、又下巻の本書、又古事記」と述べるように、この剣から化生する神のエピソードは『書紀』・『古事記』を通して三か所に見られる。内容は微妙に異なるが、共通要素も多く、以上に挙げたのは、「五百箇磐石」（「湯津石村」）に関する箇所であり、それぞれの対応文に同種の傍線を引いた。

ここから、この宣長の〈あるべき文〉は、基本的に『書紀』第六の一書を再編成したもの、そして特に焦点である「五百箇磐石」と「為神」との結びつきは、第七の一書と『古事記』を参照していることが分かる。

それは『古事記』の「走り」の訓である「タバシリ」をそのまま「激越《タバシリ》」に当てはめていることからも窺える。

この改変の指摘と、本来の「文」の〈復元〉という展開に関して、もうひとつ同様の事例をみてみよう。

ここは天岩屋戸の段における天鈿女命《あまのうずめのみこと》の描写についての箇所である。

　こゝの文、次第みだれたり。古伝書には、則④以天香山之真坂樹為鬘、⑤以蘿為手繦、①手持茅纏之矟、②立於天石窟戸之前、⑥而火処焼、⑦覆槽置、⑧顕神明之憑談、③巧作俳優、とやうにぞ有けむを、例の撰者の、文を改められたるにて、中々にかくは次第のみだれたるなるべし。件の事は皆同く、天鈿女命のなす事なるに、こゝの文のごとくにては、亦以より下、別事《コトコト》になりて、異人《コトヒト》のしわざと聞ゆるをや。[62]　※番号は引用者によるもの

先の例と同様に「撰者」の改変を指摘し、〈あるべき文〉を提示している。ここではより明確に「古伝書には……とやうにぞ有けむ」との表現が使われている。対象となっている『書紀』の文章は「又猿女君遠祖天鈿女命、則①手持茅纏之矟、②立於天石窟戸之前、③巧作俳優。亦④以天香山之真坂樹為鬘、⑤以蘿為手繦、⑥而火処焼、⑦覆槽置、⑧顕神明之憑談。」（又猿女君《さるめのきみ》の遠祖天鈿女《あまのうずめの》命《みこと》、則ち手《て》に茅纏《ちまき》の矟《ほ》を持ち、天《あまの》石窟戸《いはや》の前に立たして、巧《たくみ》に作俳優《わざをき》す。亦天香山の真坂樹を以て鬘《かづら》にし、蘿《ひかげ》を以て手《たすき》にして、火処《ほ》焼き、覆槽《うけふ》置せ、顕神明之憑談《かむがかり》す）[63]。である。分かりやすいように番号を振ったが、宣長が提示した文は、「亦」で区切られた二つの文章を一文化し、順番を並べ替えたものであることが分かる（『書紀』①②③亦④⑤⑥⑦

⑧→宣長の「古伝書」④⑤①②⑥⑦⑧③）。

この「古伝書」を〈復元〉する理由は、『古事記伝』の該当箇所で言及している。そこでは「巧に作俳優す」と「顕神明之憑談す」というふたつの行為に着目し、「たゞ一連《ヒトツヅキ》の事と聞えたれば、実は別事に非ること明けし。然れば別事のごとくあるは、書ざまのあしきなり(64)」という。そして「諸註の説皆此段の意にかなはず(65)」とし、次のように述べる。

口訣には称辞《タタヘゴト》申也といひ、纂疏には讃談日神之至徳也といひ、或は日神の出坐むことを祈る言なりといひ、或は八百万神の霊ことぐく憑るなりなど云る。みなひがことなり(66)。

宣長が問題にしているのは「顕神明之憑談」の解釈である。本来は「剞戯言《タハレゴト》(67)」を言っているにすぎない行為が、『書紀』で「巧作俳優」と離されて記述されたことによって、後の人に不必要な深慮をさせることになる。よって「口訣」や「纂疏」にみられるような誤った解釈がなされる結果となったという。こうした経緯から、誤釈を生むこの『日本書紀』本文」は「例の撰者の、文を改められたる」ものと判断され、最終的に宣長自身の手による「古伝書」の〈復元〉となったのである。

以上、意図的な改変の指摘として「磐石」と「天鈿女命」のふたつを見たが、両者とも次の三点において共通している。

第一は、問題は基本的に文章の整序問題であること。第二は、したがって批判の対象は「撰者」に向けられること。第三は、最終的に宣長の手による〈あるべき文〉（「古伝書」）が〈復元〉されていることである。

宣長のこの〈復元〉作業は、一見帰納的な文献学的ともいえる手法によるものにみえる。しかしながらやはりその行為は、〈復元〉ではなく、〈改作〉というべきものであろう。それを「古伝書には」という書き出しで提示するのは、普遍的妥当性を有しているとはいえない。ここには三五年にわたる『古事記伝』の執筆を終え、その世界観が確立された宣長の自信が感じられるのである。

④【誤写】（意図的ではない①衍文、②脱文、③改書）

これは無意識になされたと宣長が判断した【衍文】【脱文】【改書】のことであり、主に写本時による誤写と見なされたものである。宣長の写本に対する認識は、「古事記伝一之巻」に収載の「諸本又注釈の事[68]」で窺うことができる。ここで言及しているのは『古事記』についてだが、以下、その内容を確認しておこう。

先ず宣長は当時一般に手に入れることができる本として、寛永二一（一六四四）年に京都の版元、前川茂右衛門が刊行した『古事記』と、度会延佳によって書かれ、貞享四（一六八七）年に刊行された『鼇頭古事記』のふたつを挙げる。また宣長が独自に手に入れたものとして「からくして一部」、度会延佳の推敲段階のもの、村井敬義所蔵のもの、そして真福寺本の四つを挙げている。そしてどの本も宣長にとって誤りが多いものであり、「今世には、誤なき古本は、在がたきなりけり。[69]」とする。

その「誤」については主に二種類の言及があり、ひとつは「字《モジ》の脱《オチ》たる誤[70]」、つまり写本や版木制作の過程での脱字、脱文のことであり、これは無意識の「誤」である。もうひとつは、度会延佳本にみられる「己がさかしらをも加へて、字をも改め[71]」ることで犯されたもので、これは意図的な「誤」となる。後者は、本稿において【衍文】【脱文】【改書】の項に該当する。[72]

つまり宣長は現在入手できるものは、人の手によって写されてきたものがもとになっていること、そしてそうした経過において意識的、無意識的にせよ、人為的錯誤がなされたことを強く認識していた。こうした姿勢は「『日本書紀』本文」に対しても同様であり、『山陰』では次のような指摘となる。

・一書曰云々、浮雪、雪字は写誤也。雲とあるを用ふべし(73)。
・伊弉諾尊伊弉冉尊、……然るを今の本に、或は冊或は再など作るは、皆叶はず、那美《ナミ》にさらに由なき字ども也。ふるくより写し誤り来つる也(74)。
・循　修字を写誤れる也。類聚国史に脩とあり。脩は修と同じ、つくりかたむと訓むべし。循字につきて、しらすと訓るはひがこと也(75)。
・悲及思哀者、此文いかゞ、及字は、写し誤れるものか(76)。

宣長は『玉勝間』の「書うつし物かく事」の中で「写誤」が起こる原因について検討しており、そのひとつとして「よく似て、見まがへやすきもじなどは、ことにまがふまじく、たしかに書べき也(77)」という形態の類似によるものを指摘している。『山陰』における誤写の指摘の大半はこれに相当するといえるだろう。

⑤**【誤釈】**（後世の人による誤った本文解釈）
「『日本書紀』本文」ではなく、後世の解釈についての批判である。例えば『書紀』にみられる「神世七代」について、『山陰』では次のように述べる。

神世七代、これを後世に、天神七代と申すは、いみしきひがこと也。此七代の神たちは、みな此国土に就て生坐れば、天神と申すべきよしなし。最初に高天原に生坐る、五柱神をこそ、古事記にわきて天神とは記されたれ、然ればそれより下、国常立尊よりこなたは、天神にあらざること明らけし。又天照大御神より葺不合尊《フキアヘズ》までを、地神五代と申すも、いみしきひがこと也。……すべて天神七代地神五代と申すこと、古書にかつて見えず、忌部正通の神代巻口決にぞ、始めて見えたる。こは事のこゝろをも考へず、たゞみだりにいひ出せる、後世の俗説なるを、物知人たち、さるわきまへもなく、かしこげに天七地五などいひあへるは、いとかたはらいたきわざなりかし。(78)

「神世七代」という語彙やその定義についてではなく、それを後の人が「天神七代」と解釈していることに疑義を呈している。【衍文】においても、「後世の漢意の学者」の解釈を宣長が批判をしている様をみた。しかしその対象は「漢籍」からの引用である「漢文」の存在であり、最終的には解釈するその行為自体を問題とするに至った。それに対して【誤釈】は、議論になる表現は「古のつたへごと」であることから、純粋な解釈論争の体を為している。

この「神世七代」においては、国之常立神から天照大御神までの神々を「天神」とみなすかどうかが議論の焦点である。宣長は「天神」とは「高天の原に生坐る」ことが条件とする立場から、忌部正通に端を発するこの「七代」を「天神」と解釈する立場を難じている。(79)したがって、当然その批判の対象は『日本書紀』本文」ではなく、「忌部正通」、そしてその解釈を受け入れている「物知人」となる。

一書曰云々、囓断剣末、師云、こゝに剣末とあれば、次なる正哉の上、天津の上などにも、剣某といふことなくては事たらずして、上の瓊に、端と中と尾とを分ていへるに、対せず。言を略き過たりといはれたる。一わたりはさることなれども、これは略きたるにはあらず。もとより五男神共に、たゞ剣末囓断て、生《アレ》坐る也。末といふを、上の瓊の、端中尾と分たるに対へては見べからず(80)

ここでは、「師」である賀茂真淵の解釈を批判している。対象となるのは、天照大神と素戔嗚尊の誓約の場面（第二の一書）であり、真淵は、天照大神が、「瓊《たま》の端《はし》」から「市杵嶋姫命《いつきしまひめのみこと》」、「瓊《たま》の中《なか》」から「田心《たこり》姫命《ひめのみこと》」、「瓊《たま》の尾《お》」から「湍津姫命《たぎつひめのみこと》」をそれぞれ成したのに対して、素戔嗚尊が「剣の末《すゑ》」から「天穂日《あまのほひの》命《みこと》」・「正哉吾勝勝速日天忍骨尊《まさかあかつかちはやひあまのおしほねのみこと》」・「天津彦根命《あまつひこねのみこと》」・「活津彦根命《いくつひこねのみこと》」・「熊野櫲樟《くまののくす》（ルビ　のくす）日命《びのみこと》」の「五《いつはしら》の男神《ひこがみ》(81)」を産むのは対応関係として成り立たないため、「瓊」の「端」「中」「尾」に相当する「剣の～」という表現が存在していたことを示唆する。つまり真淵による【脱文】の主張である。それに対して宣長は、「一わたりはさることなれども」と前置きしつつも、その省略の可能性を否定する。対応関係として、余計な整合性を求める解釈を誤りとするのである。なお、【誤釈】と捉えられる記述一八箇所のうち、七項目は「師」へのものであった。

⑥【違伝】（「古のつたへごと」への批判）

「古のつたへごと」自体への批判である。宣長の『書紀』の訓読とは、〈あるべき文〉を見つけ出す作業である。したがって「古のつたへごと」である限りにおいては、基本的にその内容に対する詮索をすることはない。「神の御心」とは「不可測」なものであるからである。しかし、たとえそれが『日本書紀』本文」から訓み出せる「古のつたへごと」であっても、その内容に関して批判的態度をとらざるを得ない表現もある。

一書曰云々、有若葦牙云々、又有若浮膏、これに浮膏のごとくなる物と、葦牙の如くなる物とを分て、もとより二つとして、共に空中に生といへるは、紛れたる伝なるべし。その故は、若浮膏といふは、はじめて空中に生て、天と地とになるべき物の、はじめをたとへ、若葦牙といふ物は、かの浮膏のごとくなる物の中より、分れて天になるべき物の、もえあがるをたとへたるにて、もとは一つなれば、別に二つ生れるにはあらざるをや。古伝説といへども、かくのごとく、すこしづゝは、誤りたることも有し也。(82)

宣長はこの「一書」の内容に関して、「若浮膏」とは、「若葦牙」から「もえあが」ったものであり、もとは「一つ」であり、別々のものとして同時期に二つとも「空中」に存在していたかの記述は「紛れたる伝」とする。これは『古事記』における「国稚《くにわか》く浮きし脂《あぶら》の如くして、海月《くらげ》なす漂へる時、葦牙《あしかび》の如く萌え騰《あが》る物によりて成れる神の名は……(83)」を根拠にした批判であろう。

また同様の例として次の箇所も挙げられる。

一書曰、日神本知云々、此伝と、又下なる、一書曰、日神與云々の伝とは、まぎれたるものにて、物根《モノダネ》たがへり。もしこれらの説のごとくならば、皇孫は素戔鳴尊の御末にこそあれ、天照大御神の御末にはあらず。いかゞ。かゝる異説は、挙らるべくもおぼえず。(84)

ここでは天照大御神こそが皇孫の先祖であるという観点から、素戔嗚尊をその位に配している二つの「一書」に疑義を呈している。

先に確認したように、宣長の「『日本書紀』本文」註釈の基本姿勢は、「古のつたへごと」である限り、その内容の真偽を判定、選別することはない。ここまで見てきた、【衍文】【脱文】【改書】【誤写】は、対象である文字、文が「古のつたへごと」ではないという観点からの指摘であった。【誤釈】は解釈論争であり、その議論の対象である「古のつたへごと」が批判されることはなかった。しかしこの【違伝】において、はじめて「古のつたへごと」自体が論点となり、「古伝説といへども」、誤りのあることが指摘される。

ただしその際に批評語として使われるのは、「紛れたる伝」・「まぎれたるもの」という表現である。つまり多くの「古記《フルキフミ》」が伝わる過程において、時に散乱し、入り交じることで「誤り」が生まれたと宣長は考えている。「書紀修撰《ツクラ》しめ給ひし頃は、古記ども多く有つと見えたり」[85]と宣長は言う。そして【衍文】・【脱文】・【改書】において、その主な責任の所在は『書紀』の「撰者」に向けられていた。しかしこの【違伝】においては、その「修撰」の際に存在していた多くの「古記」の中に、人為的な過ちをみている。つまり「古記」の〈撰者〉、もしくは〈口伝者〉に向けられた批判なのである。[86]

第三項　日本書紀本文批評

以上、【衍文】【脱文】【改書】【誤写】【誤釈】【違伝】という分類に沿って、『山陰』で宣長がおこなった「『日本書紀』本文」批評をみてきた。そこで明らかになったことは次の三点である。

第一は、一般に捉えられてきた印象とは異なり、宣長の『書紀』批判とは、その「漢文」表記が主因にはなっていないということである。使用してきた分類名を使用すれば、「漢文」が原因となる批判がおこなわれているのは主に【衍文】と【改書】ということになる。前者では、本来「古のつたへごと」には存在しない文や表現を、「撰者」が「漢めかす」ために付け加えたとするもので、後者も同様の理由で「撰者」が「古のつたへごと」の文章を改変したとするものである。【衍文】では、「漢文のかざり」「漢文の潤色」「漢文の添言」、【改書】では「例の漢文に改めて」「漢めかされたる」といった批評語、表現が使われ、それぞれ一四項目と一三項目が確認できた。例外としては【脱文】で、これは「古伝説」にはあった文章が「漢文」表記に直す際に意図的に省かれたとするものである。「漢文のために省かれたる」「……を省かれたるは、漢文にせむため也」といった表現が使われ、三項目が確認できた。ただしこれらをすべて挙げても三〇項目であり、全体数三〇〇のちょうど一割ということになる。これでは「漢文」は宣長の『書紀』批判の主軸であると考えることはできない。

第二は、その主因であり、それは「古のつたへごと」との差違ということになる。「『日本書紀』本文」で書かれていることが、宣長が捉えている〈あるべき文〉[87]と、その内容において合致しているかが焦点なのである。つまり、それがたとえ「漢文」表記であったとしても、そこから読みとれる「古のつたへごと」が宣長の思う〈あるべき文〉に沿っているのであれば、それは批判の対象にはならない。逆に「古言」であったとしても、そこに相違が見られるのならば、それは否定されるのである。ここでは「古のつたへごと」をみいだすという宣長の「『日本書紀』本文」の一貫した訓みと、[88]その無謬性に対する無条件の信頼が垣間見える。

第三は、こうした「古のつたへごと」と「『日本書紀』本文」との差違が生じた原因を、「漢意」をもつ人びとに向けたことである。【衍文】では、余計な文を創り出した者、それを採用した者、それを後に解釈した者、【脱文】【改書】では主に『書紀』を編纂した者、【誤写】では書写をした者、【誤釈】においては後の世の学者や一般的な読者、【違伝】では「古のつたへごと」を編纂、口伝した者ということになるだろう。つまり宣長の『書紀』批判とは、「言」ではなく、こうした「人」に対してのものだったのである。

おわりに

以上までの論考において、宣長の「『日本書紀』本文」批判とは、突き詰めれば『書紀』に関わる「人」への批判であったことが明らかになった。最後に、その批判を通して『神代紀髻華山陰』がもつ意義と、その矛先としての「人」に対しての所見を述べておきたい。

先ず改めて「漢意」という言葉について取り上げる。

第一節で、宣長の『書紀』とは、「漢字」、「漢文」から「漢意」という変遷において捉えた。なぜ「漢文」で止まらず、「漢意」という言葉で説く必要があったのだろうか。ここで宣長による「漢意」の定義を見ておこう。寛政期に書かれた『玉勝間』からの記述である。

漢意とは、漢国のふりを好み、かの国をたふとぶのみをいふにあらず。大かた世の人の、万の事の善悪是非を論ひ、物の理をさだめいふたぐひ、すべてみな漢籍の趣なるをいふ也。さるはからぶみをよみたる人のみ、然るにはあらず。書といふ物一つも見たることなき者までも、同じこと也。そもからぶみをよまぬ人は、さる心にはあるまじきわざなれども、何わざも漢国をよしとして、かれをまねぶ世のならひ、千年にもあまりぬれば、おのづからその意世中にゆきわたりて、人の心の底にそみつきて、つねの地となれる故に、我はからごゝろもたらずと思ひ、これはから意にあらず、当然理也と思ふことも、なほ漢意をはなれがたきならひぞかし(89)

「からごゝろ」と題された一説であり、「漢意」という用語の定義として最も詳細な説明である。ここで、一般的な「漢籍の趣」である、「万の事の善悪是非《ヨサアシサ》を論ひ、物の理をさだめいふ」といった、人の思考様式のことを「漢意」と定義する。ただし重要なのは、「からぶみをよみたる人のみ、然るにはあらず」という文脈である。漢籍が読まれるようになってから千年以上経っていることから、例え漢籍を一切読まない「人」でも、自然と「漢国」の考え方が「人の心の底にそみつきて、つねの地」となってしまっている、という。

そして続けて宣長は次のように述べる。

当然之理《シカルベキコトワリ》とおもひとりたるすぢも、漢意の当然之理にこそあれ、実の当然之理にはあらざること多し。大かたこれらの事、古き書の趣をよくえて、漢意といふ物をさとりぬれば、おのづからいとよく分るゝを、おしなべて世の人の心の地、みなから意なるがゆゑに、それをはなれて、さとることの、いとかたきぞかし。(90)

改めて確認すると、「漢意」とは「人の心」の状態である。したがって「漢意」による批判とは、「人」に対する批判ということである。つまり宣長の書紀観の変遷と見た場合、主に「漢字」・「漢文」で捉えられていた時期は、そのテキストが問題にされていた。しかし、古事記研究に着手し、「漢意」によって『書紀』が表現されるようになってからは、その問題としての対象は「人」へと移行したと考えられるのである。

前節で論じたように、『山陰』に見られる宣長の『日本書紀』本文」批判とは、その主な対象は、「漢文」表記によるテキストではなく、『書紀』に関わった「人」に対してのものであった。したがって、そこで中心となる言葉が「漢意」なのは当然なのである。そして『玉勝間』で「いとかたき」とされる、「から意」を「はなれて、さとること」を、ある意味実践したのが『山陰』の内容とも言えるのではないだろうか。

宣長は、『山陰』執筆の目的を次のように書いていた。

> 神の代のまことのたふとさを、ふたゝび世に顕さまほしくてなむ、かの潤色の漢文漢意の砂ひぢりこを、ほりわけかきわけ、かき出し、又すべて此神世の御巻をよむ人の、こゝろうべきふしどもをも、それやかれやと、ちなみに書出せるなる。(91)

「いとかたき」とされた、「漢意」を「ほりわけかきわけ、かき出」すという作業こそが、その主旨であり、実際、そこで対象とされたのは、テキストではなく「人」であった。「漢意」を拭い去るという行為を『書紀』に関わった人びとを例に提示し、「漢意」にとらわれている読み手の模範とすべき階梯をそこに示したと言えるのである。

ではそうした結果得られる「人の心」とはどのようなものであろうか。本章冒頭で「道」を学ぶ最終的な目的として「人として、人の道はいかなるものぞといふこと」という『うひ山ぶみ』の一説を挙げた。そして同時に、宣長は次のようにも述べている。

人は、言《コトバ》と事《ワザ》と心《ココロ》と、そのさま大抵相かなひて、似たる物にて、たとへば心のかしこき人は、いふ言のさまも、なす事《ワザ》のさまも、それに応じてかしこく、心のつたなき人は、いふ言のさまも、なすわざのさまも、それに応じてつたなきもの也。[92]

ここに「人」としての本来〈あるべき姿〉として、「言と事と心」が「相かな」ふ状態ということが示されている[93]。この表現は、明和期に書かれた「古記典等総論」にも見られるが、そこでの主語は、古事記、日本書紀に付せられたものであった。

意《ココロ》と事《コト》と言《コトバ》は相称へる物にして、上代は、意も事も言も上代、後代は、意も事も言も後代、漢国は、意も事も言も漢国なるを、書紀は、後代の意をもて、上代の事を記し、漢国の言を以、皇国の意を記されたる故に、あひかなはざること多かるを、此記は、いさゝかもさかしらを加へずて、古より云伝たるまゝに記されたれば、その意も事も言も相称《アヒカナヒ》て、皆上代の実《マコト》なり。是もはら古の語言《コトバ》を主《ムネ》としたるが故ぞかし。すべて意も事も、言を以て伝るものなれば、書《ふみ》はその記せる言辞《コトバ》ぞ主には有ける。[94]

「意も事も言」が「あひかなはざること」が多い『書紀』に対して、「相称へる物」ということで『古事記』が評価されている箇所である。つまり、ここで「事」(記紀)から「人」へと表現の主語が代わっているのである。宣長は『山陰』にて、その『書紀』に関わる「人」たちの「漢意」を取り除く作業を行った。その目指すところは、「漢意」の廃除を通して、「人」として「言と事と心」が「相かな」ふという本来の状態を取り戻すことであった。

宣長の『書紀』批判の大半は、そもそも「漢文」表記に由来するものではなかった。宣長の脳裏に存在する〈あるべき文〉から導き出される演繹的な方法によって、「『日本書紀』本文」は批判されていた。宣長は「漢意」という概念を創り出すことで、古典に関わる「人」への批判を容易にした。それによって実質的には「本文」からしか出てこない「古のつたへごと」を、かなり自由に訓み出す権利を自ら獲得したのである。

そしてそうした「人」への批判は、翻ってあるべき「人」のあり様へと向かっていき、それが「言と事と心と、そのさま大抵相かな」ふ「人」であった。それこそが宣長の考える、「歌」や「道」を学ぶことで到達すべき人間像だったのである。そしてそれは、古事記研究や、多くの人に出会うといった長い時間を経ることで獲得したものだったのである。

註

(1)「書簡集」、第一七巻、四二二頁
(2)「日記」、第一六巻、四七九頁

（3）「石上稿」、第一五巻、四九〇頁
（4）「菅笠日記」、第一八巻、三四八頁
（5）「鈴屋集」、第十五巻、八四頁
（6）前同
（7）前同
（8）前同、八五頁
（9）「古事記伝一之巻」、第九巻、六頁
（10）前同、七頁
（11）大野晋氏は『全集』第六巻の「解題」で次のように述べている。「『書紀』も、この古語を旨とした『古事記』の表現する世界に照らし出されることによって、漢籍風の潤色の基底に横たわる古代の真相を露わにし、その真価を発揮し得ると宣長は考えている。」（四〇頁）
（12）前田勉「『書紀集解』と本居宣長の日本紀研究」（『国文学解釈と鑑賞』、第六四巻三月号、一九九九年）、西宮一民「本居宣長と日本書紀」（『鈴屋学会報』、第十八号、二〇〇二年）。西宮はこの論文で、「宣長が『日本書紀』の主題を何と考えていたかについての過去の研究はない。それもそのはずで、宣長自身が書紀は漢意がひどい書物だと難ずる一方、書紀は尊い書物だというように持上げたりしているので、いったい『日本書紀』という書物の本質をどう考えていたか分からなかったからである。」（一七頁）と述べている。
（13）「宇比山踏」（第一巻）で宣長は、記紀を読むことが「漢意におちいらぬ衛《マモリ》」（五頁）となるとする一方で、『書紀』を「文のまゝに解しては、いたく古の意にたがふこと有て、かならず漢意に落入べし」（前同）と述べている。
（14）前掲した西宮の論考において、本居宣長記念館蔵の『日本書紀』を詳細に調査することで、その史料としての実態明らかにしている。それに依ると、巻一・二が『訂正日本書紀神代巻』という題名をもつ、正徳四（一七一四）年の板本で、巻三―巻三〇は寛文九（一六六九）年板行の流布本の『日本書紀』七冊と、異なる出自の計九冊の「合冊本」であるという。宣長はこの「合冊本」をテキストに堀景山の講義を受けた。また景山は、「小野田重好本」（宣長の自筆の奥書より）を以て『日本書紀』を校讐訂正していたとされるが、この本は現存せず、詳細は不明である。なおこの作業は、「経業暇あらず」として、宣長がその後を引き継ぎ、宝暦六（一七五六）年に終えている。翌宝暦七（一七五七）年の帰坂後も宣長の日本書紀研究が続けられたことは、

「合冊本」の書き入れから判明しており、その際に主に使用していたのが、谷川士清の『日本書紀通証』(延享五〈一七五一〉年三月頃脱稿)である。本書本文で、これらの作業は、「基本的には書写という形態のため、宣長の『書紀』に対する包括的な見解を探るのは困難である」と記したが、西宮は、松坂時代の日本書紀研究は「決して『通証』の敷写しではなく、宣長の調査研究と自己の見解を書き入れるという態度であった。」(三一頁)とし、特に「『日本書紀』を外宮神官の神道的に読む者の不当を非難」(前同)する姿勢があったことを指摘している。

(15)「排蘆小船」、第二巻、二五頁

(16)前同、二〇頁―二一頁

(17)「阿毎菟知弁」、第十四巻、一三八頁。原文は漢文表記。書き下しは引用者。

(18)「旧事紀」に関しては、「古事記伝一之巻」に「旧事紀といふ書の論」と題された論考で次のように述べている。「世に旧事本紀と名づけたる、十巻の書あり。此は後人の偽り輯めたる物にして、さらにかの聖徳太子命の撰び給し、真の紀には非ず。」(第九巻、一四頁)

(19)大久保正「解題」『全集』第十三巻

(20)「舜庵随筆」、第十三巻、六〇五頁

(21)「石上私淑言」、第二巻、九二―九三頁

(22)東より子は、この箇所を引用して次のように述べている。「宣長は『記』を「最上たる史典」とし、朝廷の正史である『紀』を「次に立る物」として、両者の位置を逆転させた。彼の『紀』の「漢意」に対する激しい論難は、あたかも『紀』を漢籍のごとく排斥すべき書と捉えているかのように思わせるが、しかし決してそうではなく、「道の学問」に最重要な二典＝「記紀」として頻繁に並び称せられている。……記紀を繰り返し読むことが「道学び」の基礎として要求される。そして両者の関係は、すでに『石上私淑言』の段階で、「たゞ古事記のあきらかなる古語を本文として。後に日本紀の文字によりて。其義理を解すべき事也。すべて何もく。古事記を本文とし。日本紀を註解として見るべき事也」という言葉で定式化されている。宣長は『紀』の「古語」を「本文」とし、『紀』の「文字」を「註解」としながら記紀の世界を再構成し、「神の道」を解明していくのである。」(『宣長神学の構造―仮構された「神代」』ぺりかん社、一九九九、八〇頁)

(23)「日本紀之論」は、『古事記伝』の一之巻・二之巻の最初の草稿とされる「古事記雑記」に収載されている。これは、地名・姓氏・文法・訓例上・訓例下・題號附註解・日本紀之論・修撰・古事記上巻并序・凡例・道テフ物ノ論の十二項目から成る。成稿

時期に関しては、第十四巻の大久保正「解題」に依る。

(24)「日本紀之論」、第十四巻、五十頁

(25)前同

(26)前同

(27)「書紀の論ひ」、第九巻、七頁

(28)田中康二『漢意』の成立と展開―『古事記伝』の思考法」(『本居宣長の思考法』ぺりかん社、二〇〇五年)では、「漢意」の成立と展開を、「直毘霊」を推敲する段階で徐々に概念として形作られていったことを明らかにしている。

(29)前掲「宇比山踏」、第一巻、五頁

(30)前同、一三頁

(31)前同、五頁

(32)「神代紀髻華山陰」、第六巻、五一七頁

(33)「古事記伝一之巻」、第九巻、三頁

(34)「神代紀髻華山陰」では「古のつたへごと」とほぼ同義であろう単語として、「古伝書」「古伝説」「伝説」「古伝」が使われている。

(35)前掲「古事記伝一之巻」、三―四頁

(36)前同、七頁

(37)「神代紀髻華山陰」、五一七頁

(38)前同、五一八頁

(39)ただし『古事記』研究着手前の『石上私淑言』と、『古事記伝』成稿後の『神代紀髻華山陰』では、やはり『古事記』に対する捉え方に違いがある。それは、『神代紀髻華山陰』の時点では、『古事記』ですら「古のつたへごと」に対して、ある種の「註解」であるとの捉え方をしていると考える。現存しない「古のつたへごと」から想定される、宣長の脳裏にのみ存在する〈あるべき文〉を前にした場合、『古事記』と『書紀』の違いはそこまで大きくはないのである。なお、「本文」と「註解」という言葉で『古事記』と『書紀』を区別する表記は、『石上私淑言』以降は見られない。

(40)前掲「書簡集」、三九頁

(41) 前同

(42) 前同

(43) 前同、四〇頁

(44)「古事記伝一之巻」、第九巻、六頁

(45) 古事記事記伝三之巻」(「神代一之巻」)から、「書紀」(「書紀本書」)、「一書」(「書紀一書」)、「書紀…巻」(「…巻」)の単語を全て抽出し、それに付随し引用される内容によって分類した。括弧内の前半は実数、後半は比率を表す。対象が「三之巻」のみであることや、記述の分量配分が考慮されていないなどの問題はあるが、この時点でかなりの差がみえることから、本章の目的においては十分だと判断した。なお「書紀私記」、「書紀口訣」からの引用は対象外とした。

(46) 厳密には、この六種類に加えて、【註釈】と【漢文】という分類項目があると考えている。【註釈】とは、純粋に語義の註としての表記である。前節で述べたように『神代紀髻華山陰』は『書紀』の「漢文」「漢意」を「ほりわけかきわけ」ることを目的に書かれたもので、基本的にその内容は批判性を帯びている。ただし中には純粋に註釈としての役割を果たしているものがあり、それが【註釈】であり、十一項目確認できた。例えばそれは次のようなものである。「神事 下に幽事とあると一つ事也。ともにかむことと訓べし。」(「山陰」、五五二頁)。【漢文】とは、漢文における文法や語法の間違いへの指摘である。宣長は『日本書紀』本文」を、本来伝わるはずだった「古言」による「古のつたへごと」が、漢文によって翻訳されたものと捉えている。したがって宣長の基本的な書紀訓読は、その「古言」を訓み出す作業となるが、【漢文】ではその翻訳文としての誤りを正している。例えば、「妻を妹(イモ)といふは、古言なれども、漢文にはいかゞ」(前同、五二八頁)というのは、漢文においては、妻のことを「妹」とは表記しないのにも関わらず、ここで出てきているのは、漢文で書かれている『日本書紀』としては誤りではないか、という指摘である。これは一四項目確認できた。

(47) 阪本太郎・家永三郎・井上光貞・大野晋校注『日本書紀』岩波書店、一九九四年、一六頁。

(48)「神代紀髻華山陰」、五一八―五一九頁

(49) 谷川士清への書簡ですでに確認したように垂加神道に対する反発という性格が強い。「かの垂加にいたりて、いよ〱ます〱漢意の雲霧、ふかく立みちて、闇の夜のごとく、古の道は、見えがたくなりぬるを……」(「天祖都城弁弁」、第八巻、四頁)

(50) 前掲『日本書紀』、一八頁

(51) 前同、二二頁

(52)「神代紀髻華山陰」、五二〇―五二一頁
(53) 前同
(54) 前掲『日本書紀』、一八頁
(55)「神代紀髻華山陰」、五二五―五二六頁
(56) このことに関して東より子は次のように述べている。「宣長は、天神を「天に坐神」、地神を「地に坐神」と定義している。それは、これまで仏家・儒家によって天神地神にまつわるさまざまな附会、すなわち「天神七代地神五代」を初めとする「造化・気化」、「未生・已生」等という後世の諸説をことごとく払拭するためである。」（前掲『宣長神学の構造―仮構された「神代」』、一〇三頁）
(57)「玉勝間」、第一巻、一三四頁
(58)「神代紀髻華山陰」、五三二頁
(59) 前掲『日本書紀』、四二頁
(60) 前同、五〇頁
(61) 倉野憲司校注『古事記』岩波書店、一九六三年、二五頁
(62)「神代紀髻華山陰」、五四〇頁
(63) 前掲『日本書紀』、七六頁
(64)「古事記伝八之巻」、第九巻、三七六頁
(65) 前同
(66) 前同
(67) 前同
(68)「諸本又注釈の事」、第九巻、一六―一七頁
(69) 前同、一六頁
(70) 前同
(71) 前同
(72) 本稿では【衍文】【脱文】【改書】において、基本的に宣長の「撰者」に対する言及を中心に取り上げたが、それぞれの項にて

「後人」への批判も存在する。例えば、【衍文】では、「此八字は、後人の加へたる文なるべし。かくさまにいへるは、例なきこと也。」（「山陰」、五五九頁）や、「此二つの一書曰は、なほ上聞の二柱神の下に属て、細注にて有べきを、誤りて別に大書にせるものなること明らけし。さて又此二つの説は、いと〳〵異しき説にて、古伝ともおぼえず、古好事の者のしわざなりけむを、漢意にはあへる故に、挙げられたるなるべし。」（前同、五二四頁）等

(73)「神代紀髻華山陰」、五二三頁

(74)前同、五二三―五二四頁

(75)前同、五二七―五二八頁

(76)前同、五三六頁

(77)前掲「玉勝間」、一七六頁。写誤の原因は全部で三つ挙げられており、他の二つは、「ふみをうつすに、同じくだりのうち、あるはならべるくだりなどに、同じ詞のあるときは、見まがへて、そのあひだなる詞どもを、写しもらすこと」と同じ単語による目移りによる脱文を、もうひとつは「又一ひらと思ひて、二ひら重ねてかへしては、其間一ひらを、みながらおとすこと」と丁繰りの誤りによる脱文を挙げている。

(78)「神代紀髻華山陰」、五二五頁

(79)『古事記伝』の該当項では、「天神」を「天に坐神」、地神を「地に坐神」（第九巻、一五四頁）と定義し、天で「高天の原に生坐る」神だけではなく、今高天の原に「坐」す神も含めている。したがって「天照大御神は、高天原を知看て、今眼当天に坐々ば、天神なること更なり。」という。

(80)「神代紀髻華山陰」、五三九頁

(81)前掲『日本書紀』、七〇―七一頁

(82)「神代紀髻華山陰」、五二三頁

(83)前掲『古事記』、一八頁

(84)「神代紀髻華山陰」、五三八―五三九頁

(85)「古事記伝一之巻」、第九巻、三頁

(86)ただしこの【違伝】は、おそらく「古言」ではあるが、その意味するところが不明確である、という誤釈保留も含めており、それは厳密には「批判」といえるかは検討の余地がある。

（87）杉田昌彦は、宣長の『源氏物語』研究について、以下のように述べる。「宣長の『源氏物語』本文研究は、紫式部という傑出した人物の文章力を全面的に信頼し、「よき原典」と「あしき伝存本文」という二項対立に図式を単純化することによって、本文に「あしき」ところが混じる原因を「伝写の誤」という要素に一元化しようとする試みであったと言っても過言ではないのである。」（「本居宣長の『源氏物語』本文研究」、王朝物語研究会編『論叢源氏物語1本文の様相』新典社、一九九九年）。本書の考察は、ここで明らかになった宣長の『源氏物語』本文に対する態度と方法が、古道研究においてはどのように敷衍しているのかを明らかにしようとしたと言える。

（88）ここで見られる宣長の訓読の構造は、書紀解釈史からみると特に目新しいものではない。むしろその「漢文」から「倭訓」を創出するというのは基本的な訓みであったとも言える（福田武史「「倭訓」の創出―講書の現場から」神野志隆光編『古事記の現在』笠間書院、一九九九年）したがって、宣長の神代巻研究を、『日本書紀』注釈史のなかに位置づけ、その特徴と意義を明らかにする必要がある。

（89）前掲「玉勝間」、四八頁

（90）前同、四八―四九頁

（91）「神代紀髻華山陰」、五一八頁

（92）前掲「宇比山踏」、一七頁

（93）本文では全体の論旨から外れるために取り扱わないが、「意と事と言は、みな相称へる物」という表現は、宣長研究においてあまりに周知であるが、その真意は未だ考察の余地を多分に残している。先行研究において、論点となるのは「意」と「事」と「言」との関係性である。それは大きく二つに分けられ、第一は「意＝事＝言」という等式が成立する関係をみるものであり、第二は三者の統一体を見るものである。つまりは「相称へる」という言葉をどのように捉えるかが論じられているのである。以下その様相を、代表的な論者の引用とともに纏める。なおそれにあたって吉川宣時「意と事と言は相称へること―『古事記伝』の言語作品観―」（『鈴屋学会報』第二十四号、二〇〇七年）に多くを拠っているが、いくつかその纏めにおいて疑問も感じる点もあったため、その辺りを筆者の観点から補正してある。

①「意＝事＝言」

・「事＝言」

野崎守英「宣長は、『古事記』を実際に過去に実在した「事」が当時の「言」のままに記載された書であるとみなした。かくて、

『古事記』における言葉を解釈する作業とは、彼にとっては、その「言」を成立せしめた「事」をそのありのままに再現するための努力であった。」（『本居宣長の世界』塙書房、一九七二年、一四六頁）

大野晋「宣長は『古事記』の主張を、事実として素直に信じ、それこそが儒仏の思想から離れた、純粋な日本人の歩む道であると考えたもののように思われる。……宣長が実に素直に、コト（言）はコト（事）であるという原則を、何処までもしっかりと把持しつづけているということが深く感じられる。」（「解題」『全集』、第九巻、二六頁）

　宣長は、『古事記』に記載されている内容が事実であると考えていたとの把握である。先行研究において「意と事と言は、みな相称へる物」を引用しつつも、特別に言及がない場合は、基本的にはこの立場である。ただし問題点が三つある。第一に「相称へる物」を〈史実が記載された言葉〉と単純に解釈していいのか。第二に「意」のファクターが脱落していることが挙げられる。第三に『うひ山ぶみ』の記述をこの解釈では説明できないことの三つが挙げられる。

・「言→意→事」

吉川幸次郎「「言」を知れば「心」を知るのである。そればかりではない。「事」も「言」と同じく「心」の反映であり、「心」と相かなふものである以上、「事」を完全に知るためには、まず「心」を知らねばならぬが、「心」を知る最も端的な手がかりは、「言」にある。つまり「言」を知らねば、「事」も完全にはとらえ得ないのである。（『本居宣長』筑摩書房、一九七七年、二七八―二七九頁）

　「事」と「言」との関係を「心」を媒介にして捉えている。「意」（＝心）の概念を重視していることにおいて、他の解釈との差別化が顕著である。ただし「「事」を完全に知るためには、まず「心」を知らねばならぬ」とする理由が不明瞭であり、「直接には「事」というものも、「言」によって記載される」と書きつつも、「言」と「事」の直截的な結びつきの断絶を説くところに、論理としての不透明さがある。

②　「意」と「事」と「言」の統一体

・「国語体」

子安宣邦「『古事記伝』序論のこの有名なことばによって、しかし「語」とその「意味」と、またそれが指示する「事象」との一般的な相即がいわれているなどと考えてはならない。ここで「意」とは「皇国の意」とか「漢意」と宣長がいうように、ある思想とか思想形態をもって考えた方がよいことばである。そこからすれば「意と事と言とは、みな相称へる物」ということばから浮かび上がってくるのは、むしろ時間的、空間的な規定を負った言語の相対的な姿である。」「あの「意」と「事」と「言」との相即をいう宣長のことばが指し示しているのは、それぞれの思想や習俗の厚みをもった「言語のさま」、すなわち「国語体」であるだろう。宣長はやがてそれを「敷島のやまとことば」として成立させるだろう。」(『本居宣長』岩波書店、一九九二年、七三―七四頁)

「言」＝言語とは、ある時代の共同体にある「意」＝思想と「事」＝習俗の背景を背負ったものとする。「相称へる物」とは、「国語体」であり、宣長にとっては「敷島のやまとことば」である。ここでは『古事記』の言語表現の問題を越えて、その注釈作業を通して、「意と事と言は、みな相称へる物」という言語を、宣長は創り出そうとしているとする。

・「統一体」

西郷信綱「ここに「言」にたいする、いっそう正確には「古言」にたいする深い信が強く打ち出されている。……国学者と神道者との決定的な相違がここに存する。前者があくまで「言」を旨とし、「道」も「たゞ物に行く道」(直毘霊)しかないと考えていたのとは逆に、後者においては「道」がやすやすと「言」を超越し、「言」を離れて先験的に定立される。……(『古事記伝』は)まるで生き物にたいするように「言」というものに近づこうとしている点で、この右に出る注釈書は、かつても、その後もないということができる。……同じ注釈でもそれらと古事記伝との間には、天地雲壌のへだたりがあるように思われる。「言」「事」「意」の三つのものの統一体であった言語から、「事」の要素が脱落していったことと、おそらくそれは見あっているであろう。」(『古事記注釈第一巻』平凡社、一九七五年、一三―一五頁)

「意」と「事」と「言」をいかに等式で結ぶかという解釈に対して、「統一体」という捉え方を提示している。ほぼ同義語として「生き物」や「なまなもの」、「存在としてのことば」という表現も使われ、それは『古事記』注釈において、他の「注釈書」が、神話としての物語性から切り離した「言葉」を解釈していることからの批判が根底にある。ただしこの「なもなもの」等の用語を用いて表現しているものが如何なる存在かが明確ではない。

以上、「意と事と言は、みな相称へること」の諸見解をみたが、基本としては、宣長は『古事記』の古語を探求したその先に、「言」に対応する「事」を事実として定立し、もしくは「事」を実在として受けとめた、ということで終わる。野崎説、大野説はその代表であるが、それでは、後に書かれる『うひ山ぶみ』の「人は言と事と心と、そのさま大抵相かなひて、似たる物」をうまく解釈できず、また「意(心)」のファクターが完全に抜け落ちている。子安説、西郷説では、「相称へる物」をある種の「言語(のさま)」とその存在について言及しているが、やはり「意(心)」の問題は解消されていない。なお、本書での見解は、西郷説の「「言」と「言」と「意」の三つのものの統一体であった言語」から、宣長が考える理想の人物像としての「統一体」

としてみるという立場である。

(94)「古記典等総論」、第九巻、六頁

あとがき

本書は、二〇一〇年に東北大学に提出した博士論文がもとになっている。その後、「東北大学出版会若手研究者出版助成」に応募するために、加筆・修正を行っていたときに二〇一一年三月一一日をむかえた。

あの震災を東京で経験した私は、仙台と断絶されたことを知る。生まれ育ち、両親がいて、大学院という時間を過ごした土地である。実際は新幹線で一時間半程度の地続きの場所が、世界の反対側にある孤島のように感じられた。そして、それは半分は比喩ではなかった。

電話であろうと、メールであろうと容易に連絡がつかない。二四時間態勢でマスコミが報道しているにも関わらず、息遣いが感じられるようなリアルな情報はあまり伝わってこない。ぽつぽつと漏れ聞こえてくる内容は、ガスが復旧しない。ガソリンがない。そのため、車はほとんど走っていない。繁華街に明かりは見えない。一日の半分は食料確保のために動いている等々。

そうした中、机にぽつんと置かれた原稿をみつめてこれは一体どうなるのだろうかと考えた。いや、そんなことを思うこと自体、何かとても不謹慎なことのように感じた。そしてそれは、自分が専攻している学問に対する懐疑や、無力感までつながっていった。

＊

幸いにも、そのときの原稿は、こうしてかたちになることができた。

そのあいだには、東日本大震災で一旦は萎んでしまった学問に対する思いを、多くの方々の〝絆〟によって、とり戻す過程があった。心より感謝申し上げたい。

佐藤弘夫先生は、内々に篭る私に、常に外への視線を促していただいた。何より震災から数週間も経っていない時期に「(助成応募にむけて)進めましょう」とおっしゃっていただけなければ、この本が出ることはなかった。また片岡龍先生にも、多くのご指導をいただいた。特に、山形での勉強会で発表の機会を与えていただき、それがきっかけとなり、博士論文の骨格を形作ることができた。清水正之先生には、他大学の生徒にも関わらず、時にはメールを通しての論文の添削など、過分なご指導をいただいた。そして、藤井健志先生には、特別な謝辞を申し上げたい。先生の授業で宣長の名前を聞くことからすべては始まっており、また研究室や、時にはお酒を挟んでの時間において、徐々に研究者への志向を醸成することができたからである。

先崎彰容氏にも、あらためて御礼を伝えたい。具体的な知識や機会はもとより、常に前に立って進むその姿勢に、時には逃げ出したくなる心を呼び戻し、支えてもらっている。

最後に、本を出すということを、おそらく一番喜んでくれるであろう祖父に、そして細く危うい道を、ふらふらしながら歩んでいる息子を、常にあたたかく見守り続けてくれている両親に感謝したい。

水野　雄司

参考文献

・飛鳥井雅道『日本近代精神史の研究』京都大学学術出版会、二〇〇二年
・石川公彌子『〈弱さ〉と〈抵抗〉の近代国学―戦時下の柳田国男、保田與重郎、折口信夫―』講談社選書メチエ、二〇〇九年
・伊藤多三郎『国学史的考察』大岡山書店、一九三二年
・伊藤多三郎「国学史研究の動向」、『史学雑誌』第五九編第一〇号、一九五〇年
・岩田隆「『排蘆小舟』の成立に関する私見」『国語国文学』、一九六四年
・岩田隆『宣長学論考』桜楓社、一九八八年
・岩田隆『本居宣長の生涯　その学の軌跡』以文社、一九九九年
・岩田隆「『古事記伝』の起稿と稿本に関する一臆説」、『鈴屋学会報』第六号、一九八九年
・岩田隆「『古事記伝』一之巻の明和八年成稿説について」、『鈴屋学会報』第七号、一九九〇年
・上田萬年『国語のため』冨山房、一八九五年
・小笠原春夫『国儒論争の研究』ぺりかん社、一九八八年
・岡田千明「初期宣長学の一考察―特に堀景山と本居宣長の関係をめぐって」、『九州史学』第五五号、一九七四年

・岡田千昭「国学研究の課題」、岡田千昭『本居宣長の研究』吉川弘文館、二〇〇六年
・大久保正「解題」『本居宣長全集』筑摩書房
・大野晋「語学と文学の間―本居宣長の場合―」『語学と文学の間』、岩波現代文庫、二〇〇六年、初出は『図書』一九七八年六月号。
・大野晋「解題」『本居宣長全集』筑摩書房
・尾崎知光「『排蘆小舟』は宝暦八・九年の作か」『文学・語学』、一九七二年九月
・小田切秀夫「本居宣長等のこと、戦争責任のこと―戦争下から戦後、そして現在」、『日本文学』二十七巻九号、一九七八年
・加川恭子「「言語過程説」と「もののあはれ」論」、『思想』第九三二号、二〇〇一年
・勝原晴希「〈もののあはれ〉の変容『紫文要領』と『源氏物語玉の小櫛』」、長島弘明編『本居宣長の世界　和歌・注釈・思想』森話社、二〇〇五年
・桂島宣弘「宣長の「外部」―一八世紀の自他認識」、『思想』第九三二号、二〇〇一年
・桂島宣弘『幕末民衆思想の研究』文理閣、一九九二年
・桂島宣弘『自他認識の思想史』有志社、二〇〇八年
・加藤周一「夕陽妄語　宣長・ハイデッガ・ワルトハイム」、朝日新聞、一九八八年三月二二日夕刊
・加藤典洋『日本人の自画像』岩波書店、二〇〇〇年
・上安祥子『経世論の近世』青木書店、二〇〇五年
・倉野憲司校注『古事記』岩波書店、一九六三年

・菅野覚明『本居宣長』ぺりかん社、一九九一年
・小島康敬「儒教的世界像の崩壊と太宰春台」、『徂徠学と反徂徠』ぺりかん社、一九八七年
・子安宣邦『本居宣長』岩波書店、一九九二年
・子安宣邦『「宣長問題」とは何か』青土社、一九九五年
・子安宣邦「思想の言葉」、『思想』第九三二号、二〇〇一年
・子安宣邦『本居宣長とは誰か』平凡社新書、二〇〇五年
・昆野伸幸『近代日本の国体論〈皇国史観〉再考』ぺりかん社、二〇〇八年
・西郷信綱『国学の批判―封建イデオローグの世界―』青山出版、一九四八年、新版『国学の批判―方法に関する覚えがき―』未来社、一九六五年
・西郷信綱『古事記註釈第一巻』平凡社、一九七五年
・酒井直樹『死産される日本語・日本人「日本」の歴史―地政的配置』新曜社、一九九六年
・酒井直樹『日本思想という問題　翻訳と主体』岩波書店、一九九七年
・阪本是丸監修、中村幸弘・西岡和彦共著『『直毘霊』を読む―二十一世紀に贈る本居宣長の神道論―』右文書院、二〇〇一年
・相良亨『本居宣長』東京大学出版会、一九七八年
・相良亨『日本の思想理・自然・道・天・心・伝統』ぺりかん社、一九八九年
・相良亨『一語の辞典　こころ』三省堂、一九九五年
・相良亨『日本人の心と出会う』花伝社、一九九八年

・佐佐木信綱『和歌史の研究』大日本学術協会、一九一五年、改訂版、京文社、一九二七年
・佐佐木信綱『賀茂真淵と本居宣長』湯川弘文社、一九三五年
・阪本是丸『明治維新と国学者』、大明堂、一九九三年
・阪本太郎・家永三郎・井上光貞・大野晋校注『日本書紀』岩波書店、一九九四年
・佐藤盛夫「石上私淑言以前に於ける宣長翁の国学」、『国文学』、一九二九年
・重松信弘『日本思想史通論』理論社、一九四四年
・清水正之『国学の他者像』ぺりかん社、二〇〇五年
・杉田昌彦「本居宣長の『源氏物語』本文研究」、王朝物語研究会編『論叢源氏物語1本文の様相』、新典社、一九九九年
・杉田昌彦「「物の哀をしる」ことの意義―『紫文要領』について」、『国語と国文学』第七二巻六号、一九九五年
・関山邦宏「国学と儒教との思惟構造の対立」、『無窮会東洋文化研究所紀要』第十輯、一九七八年
・竹西寛子『往還の記―日本の古典に思う』筑摩書房、一九六四年
・田原嗣郎『本居宣長』講談社、一九六八年、改訂版、一九七八年
・高橋哲也他「〈座談会〉近代日本の自己と他者―本居宣長と福沢諭吉の現在」、『思想』第九三二号、二〇〇一年
・高橋俊和「『排蘆小舟』述作の由来と成立」、『国語国文』第六十巻三号、一九九一年
・高橋俊和『本居宣長の歌学』和泉書院、一九九六年

・武田秀章「近代天皇祭祀形成過程の一考察」、井上順孝他編『日本型政教関係の誕生』第一書房、一九八七年
・田中康二『本居宣長の思考法』ぺりかん社、二〇〇五年
・田中康二『本居宣長の大東亜戦争』ぺりかん社、二〇〇九年
・千葉真也「『古事記伝』一之巻の成立について」、『国語国文』第七二巻二号、二〇〇三年
・中村真一郎「解説」、中西寛子『往還の記―日本の古典に思う』岩波書店、同時代ライブラリー、一九九七年
・西宮一民「本居宣長と日本書紀」、『鈴屋学会報』第十八号、二〇〇二年
・野崎守英『本居宣長の世界』塙書房、一九七二年
・羽賀祥二『明治維新と宗教』筑摩書房、一九九四年
・芳賀登『本居宣長』清水書院、一九七二年
・芳賀矢一『国学史概論』国語伝習所、一九〇〇年
・芳賀矢一「国学とは何ぞや」(一)(二)、『国学院雑誌』第一〇巻第一号～第二号、一九〇四年
・蓮田善明『本居宣長』新潮社、一九四三年
・畑中健次「国学と文献学」、『日本思想史学』第三〇号、一九九八年
・畑中健次「山田孝雄と文献学」、『季刊日本思想史』七四、二〇〇九年
・東より子『宣長神学の構造―仮構された「神代」』ぺりかん社、一九九九年
・樋口浩造「教説の時代と近世神道―垂加神道を考える」、『日本思想史学』二八号、一九九六年

・樋口浩造『「江戸」の批判的系譜学　ナショナリズムの思想史』ぺりかん社、二〇〇九年
・日野龍夫『日野龍夫著作集　宣長・秋成・蕪村』ぺりかん社、二〇〇五年
・藤岡作太郎『国学史』大倉書店、一九一一年
・福田武史「「倭訓」の創出―講書の現場から」、神野志隆光編『古事記の現在』笠間書院、一九九九年
・羽仁五郎「国学の誕生」、『短歌研究』改造社、一九三六年
・羽仁五郎「国学の限界」、『思想』岩波書店、一九三六年
・羽仁五郎『日本における近代思想の前提』岩波書店、一九四九年
・平野仁啓『古代日本人の精神構造』未来社、一九六六年
・藤田大誠『近代国学の研究』弘文館、二〇〇七年
・星山京子「近年の国学研究」、『日本思想史学』第三九号、二〇〇七年
・前田勉「『書紀集解』と本居宣長の日本紀研究」、『国文学解釈と鑑賞』第六四巻三月号、一九九九年
・前田勉「本居宣長の天皇観―「天壌無窮の神勅」と禍津日神との関連」、前田勉『近世神道と国学』ぺりかん社、二〇〇二年
・前田勉『兵学と朱子学・蘭学・国学』平凡社、二〇〇六年
・松本三之介『国学政治思想の研究』有斐閣、一九五七年、新版、未来社、一九七二年
・松本滋「本居宣長における『凡人』」、脇本平也編『宗教と歴史』山本書店、一九七七年
・松本滋『本居宣長の思想と心理』東京大学出版会、一九八一年
・丸山眞男『日本政治思想史研究』東京大学出版会、一九五二年

・源了圓『徳川合理思想の系譜』三陽社、一九七二年
・宮川康子「「内なる言語」の再生―小林秀雄『本居宣長』をめぐって―」、『思想』第九三二号、二〇〇一年
・村岡典嗣『本居宣長』岩波書店、一九二八年
・村岡典嗣編『直毘霊・玉鉾百首』岩波書店、一九三六年
・山下久夫『本居宣長と「自然」』沖積舎、一九八八年
・山田孝雄『国学の本義』畝傍書房、一九四二年
・吉川幸次郎『本居宣長』筑摩書房、一九七七年
・吉川宣時「意と事と言は相称へること―『古事記伝』の言語作品観―」、『鈴屋学会報』第二十四号、二〇〇七年
・渡辺浩「「道」と「雅び」―宣長学と「歌学」派国学の政治思想史的研究（1～4）」、『国家学会雑誌』八七巻九～一二号、八八巻三号～六号、一九七五年
・和辻哲郎『日本倫理思想史』第一篇、第二篇、岩波書店、一九五二年

〈附録〉「神代紀髻華山陰」批評項目分類一覧

■「神代紀髻華山陰」上巻一八六項、下巻一一四項の全三〇〇項を、【衍文】・【脱文】・【改書】・【誤写】・【誤釈】・【違伝】・【漢文】・【註釈】に分類、整理し、その主要な表記を抜粋した。なお本文で直接取り上げていない【漢文】・【註釈】については、第四章注(26)を参照。

■表記は、①宣長が引用した『日本書紀』本文、②「神代紀髻華山陰」が収載されている『本居宣長全集』第六巻の頁数、③注釈表現、④宣長が註釈するにあたって、参照とした書籍・人物名の順番で記載してある。

■・「類聚」‥『類聚国史』
・「姓氏録」‥『新撰姓氏録』
・「釈」‥『釈日本紀』
・「和名抄」‥「和名類聚抄」
・「纂疏」‥一条兼良『日本書紀纂疏』
・「私記」‥『日本書紀私記』
・「口訣」‥忌部正通『日本書紀口訣』
・「評閲」‥松下見林『評閲神代巻』(元禄八〈一六九五〉年刊)
・「通証」‥谷川士清『日本書紀通証』(宝暦十二〈一七六二〉年刊)
・「集解」‥河村秀根・益根『書紀集解』(天明五〈一七八五〉年刊)
・「本書」「一書」‥「本書」の註釈において「一書」を、「一書」の註釈において、「本書」や他の「一書」

を参照したということ。

・「古記」‥本文では「古伝」「古伝書」「伝記」「古伝説」と表記されており、これらは、宣長が、書紀編纂当時に伝わっていたと考えている「古記」の総称で、具体的には「天皇記」「国記」「帝紀」等のことである。宣長は、本来はこれらが伝わるべきものであり、『日本書紀』はそれらの漢文による「註解」と考えていた。このことから、実際現存している書籍ではないが、例えば「古伝説には、……といふこと、有べきよしなし」というように、宣長は註釈において、ひとつの確かな根拠のように提示している。

・「師」‥賀茂真淵

・横井千秋（天明五〈一七八五〉年入門）、稲葉通邦（寛政元〈一七八九〉年入門）、上田百樹（寛政九〈一七九七〉年入門）、長谷部菅緒（寛政九年入門）は、全て宣長の門人達。

・「古事記伝」‥『古事記伝』に書いた自分の記述を参照している。

【衍文】（無用な文字・文章の挿入）

・古天地未剖云……518　「撰者の新意」「漢国人の、例の己が心もておしはかりにいへること」〈釈・古記〉

・遊魚519　「漢文なり」

・乾道独化……520　「撰者の漢意を以て、さかしらに加へられたる」「後世の漢意の学者」〈古記〉

・一書曰云々、始有神人焉522　「漢文のかざり」

・檝橛也525　「此類の註は、後人のしわざ」

・陽神陰神526　「陰陽の字、例の漢文の潤色」「漢国人の私説」〈古記〉

・一書曰云々、有豊葦原云々527　「こゝに此国号は、につかはしからず聞こゆ」〈古事記〉

・卜定時日528　「いみしき漢文の潤色」「これらの文は、あまりなることぞかし」

・一書曰云々、以淡路洲淡洲為胞529　「淡洲二字は衍か」〈本書〉

・霊音力丁反530　「此たぐひの注は、いづれも後の人のしわざなるべし」

・授以天上之事530　「此文あまりからめき過たり」〈一書〉

・固当遠適之於根国531　「之字いかゞ」「古言にも漢文にもかなはざる」

・一書曰云々、罔象女531　「漢籍なる名をとり用ひられたる、こゝろよからぬ書ざま」

・一書曰云々、亦云神避矣531　「後人の注せるなるべし」

・一書曰云々、花時花以花祭531　「此文いかゞ」「古の文にあるまじきこと」

・倉稲魂命532　「倉字なきぞよろしき」〈古事記〉

・海神等532　「等字いかゞ」

・今世人夜忌云々533　「後の人の、さることをもわきまへずして、加へたるにや」「撰者の漢文」

・一云泉津日狭女533　「たゞこれ一つのみあるはあやし。後人のしわざか」〈上田百樹〉

・其於泉津平坂……534　「後の人の、漢意のさかしらに加へたる也」〈類聚〉

・遂将盪滌身之所汚534　「此八字なくてよけむ」

・表中津少童命534　「表字衍也。なき本よろし」

・正勝此云麻沙柯……535
「衍也。なき本よろし」

・一云麻左柯豆535
「此六字は、後人の加へたるなり。なき本よろし。」

・此本号曰云々535
「後人の、道饗祭祝詞によりて、書加へたるにて、ひがこと也」〈古事記〉

・于時不直黙帰535
「此六字なくてあらまほし」

・撃殺536
「然後の二字は、なくてよけむ」

・昇詣之於天也537
「例の之字いかゞ」

・霊運当遷537
「撰者の例の潤色にて、殊にうるさき文也。此四字を除去てよく聞ゆ。」

・構幽宮537
「潤色の添言」〈古事記〉

・寂然長隠537
「いたく漢めきて、古伝説には、さらにあるまじき事也」〈古記〉

・徳亦大矣537
「からぶみにへつらひたる、例の潤色」

・一書曰云々、勝速日天忍穂耳539
「勝の上に、正哉吾勝の四字ある本もあり、ひがこと也」

・熯之速日命539
「此神名に之字あることいかゞ、衍なるべし」

・熯干也、此云備540
「又こゝにかくあるは、共に後人のしわざ也」

・一書曰云々、閉著磐戸焉541
「師云、著字いかゞ」〈師〉

・思兼神云者541
「云字なき本よろし」

・及至日神当云々542
「いたづらなる言の重なりて、煩はし」

・由是日神543
「日神二字、なくてあらまほし」

・瑲々此云乎奴云々543
「乎字は衍也。削去べし。」

・活目津彦根命 543　「目字は、まづは衍と見ゆれど、決しがたし」
・自可平安 543　「自字いかゞ」
・清地此云々 544　「後人のさかしらに加へたるか」
・此剣昔 545　「昔いかゞ」
・当問我子、然後将報 548　「当字と将字と重なりて、わづらはし」「いかゞなるぞおほき」
・在於出雲国三穂之碕 548　「上に既にあるを、又こゝにもいへるはいかゞ」
・此云褒能須素里 549　「能字は、後人の添たるか」〈姓氏録〉
・可愛此云埃 549　「可愛の訓注は、既に上巻にあるを、又あるはいかゞ」
・将抑我 550　「将抑いかゞ」
・斎主此云伊波毘 552　「主字は、後人の加へたるなるべし」
・一書曰云々、亦云高皇産霊尊兒 554　「高より下六字、なくて有べし」
・及其遊行之時也 555　「此七字なくてよろし」
・一書曰云々、一云高皇産霊尊兒 555　「高より六字、なくて有べし」
・雉堞云々 555　「全く漢文の添言也」〈古事記〉
・来当汲水 555　「当字なくて有べし」
・坐定また従容 555　「みなうるさき漢文のかざり也」〈古記〉
・一書曰云々、玉水 556　「玉字いかが、此字なき本よろし」
・授彦火々出見尊 556　「此彦字は、あるべきもあぼえず」

・果如其言来至 556　「其女弟の三字は、削去てよろし」

・針鉤 557　「後人の、さかしらに加へたるひがこと也」

・急責故鉤云々 557　「この云々の字、なくてよろし」

・于時権云々 557　「焉まで十三字は、後人の加へたるなるべし」

・豊玉姫命云々 558　「命字、こゝにのみあるは、何のよしにか」

・計曰 558　「此二字なくてよろし」

・永為汝云々 558　「上にもあるを、又あるはいかゞ」

・置兒於波　者非也 558　「此八字は、後人の加へたる文なるべし」

【脱文】（必要な文字・文章の欠如）

・国常立神 520　「撰者のこゝろしらひを以て、略かれたるもの也」

・一書曰云々、又曰高天原云々 522　「本書には、ことさらに省かれたることを知べし」〈一書、上田百樹〉

・忌櫺城尊 523　「忌の上に吾字あるぞよろしき」〈類聚〉

・化為人 523　「神字脱たるなるべし」

・伊弉諾尊伊弉冉尊云々 525　「撰者の意もて、略き去給へりと見えて、いかゞなり」〈古事記・一書〉

・憙哉遇云々 526　「訓注の有べきことなる」「いとおろそか也」〈古事記・一書〉

・却更相遇 526　「巡を略かれたるなるべけれど……穏ならず」〈一書〉

・画滄海 528　「漢文のために省かれたるなれども、かの言にあたる文なくては、こと

たらず」〈古事記〉
「此神に御名のなきはいかに」〈一書〉
「おの〳〵一書云々と有るべきこと也」
「上の例のごとく、化の下に出之の二字有べし」〈旧事紀〉
「此下にも等字あるべきに、脱たるか」
「神字あらまほし」
「今一つ之居梅の三字有しが脱たる也」〈古事記、一書〉
「言たらず」
「これ掃とのみにては、いかなるしわざともしられず」
「此下に、保食となくては、言たらず」
「人の上に大字ある本よろしかるべし」
「必有しを、撰者の略かりといふこと、こゝの文にてもさとるべき也」
〈古記、百樹〉
「此紀に御字を省かれたるは、漢文にせむため也」〈師〉
「略きざまあしき故に、まぎらはしく」
「後遷とこそあるべけれ」「胸形君をいはずして……」
「部の下に、首字有しが脱たるか」
「こは文みだれ字脱たる也」「…と有べき也」〈私記〉

・高皇産霊之息541
・於新宮云々542
・瑲々此云乎奴云々543
・囓右瓊543
・活目津彦根命543
・果有大蛇544
・頭各一槽544
・一書曰云々、至産時……544
・斬腹其斬尾之時545
・出雲簸之川上山是也545
・凡此三神545
・居熊成峯545
・皇祖高皇産霊尊云々……547
・高皇産霊勅548
・彼国美人云々、皇孫問此美人曰549
・天神娶云々549
・多磨廼弥素磨屡云々550

「類聚国史に、霊の下に、尊字あるよろし」〈類聚〉
「其新宮ち、其字などあらまほし」
「瑲々の上に、瓊響二字ある本よろし」
「こはあまりに略き過たり」
「此字なき本もあれど、そはさかしらに削れるなるべし」
「此下に、来字なくては、たらはず」
「各の下に、垂字などの有しが、脱たるか」
「大蛇の下に、来字あらまほし」
「腹の下に、斬尾の二字あるべし」
「此上に文脱たるなり」〈通証〉
「こは凡三神、此三神亦能と有るべきこと也」
「此一書はじめに、素戔嗚尊在出雲国曰とあるべきこと也」〈古語拾遺・古記〉
「はじめに略き給へる事、かへす〲いはれなし」〈古語拾遺〉
「霊の下に尊字脱たるなるべし」
「かくのみにては、皇孫云々の事ゆくりなし」〈一書〉
「女字脱たるなるべし」
「今一つ弥素磨屡の四字有りしが脱たる也」

・頗傾550　「纂疏本に、下に也字あるよろし」〈纂疏〉
・時有奏日550　「時字の下に、勝速日天忍穂耳尊と、御名なくては…いかゞ」
・一書日云々、時に二神日云々551　「其文どもの脱たるにぞあらむ」
・是時斎主神云々551　「文おほく落たりとおぼしきに、其文今伝はらざれば……」〈師〉
・於是経津主神552　「此下に、武甕槌神の四字あるべし」〈師〉
・悉皆相授554　「此下に皇孫二字あらまほし」
・次生児号彦火々出見尊554　「焔衰時の三字有べし」〈一書〉
・入居其内554　「此上に、抱子と有べき也」
・火瓊々杵尊554　「杵の下に、根字あるべし」
・吾田君小橋等555　「小橋の下にも、君字有しが脱たるか」
・化為龍而556　「此下に文落たるか」〈一書〉
・因教之曰云々556　「此言すこしゆくりなく聞ゆ」〈本書〉
・果如其言来至556　「言の下に、本書のごとく、将其女弟玉依姫、といふこと有べし」〈本書〉
・海神及召鯛女557　「海神の下に、云々と有べき也、言たらず」
・一遵神教557　「師云、神の上に海字脱たる也」〈師〉
・造屋於海辺557　「屋の上に、産字落ちたるなるべし」
・取婦人557　「纂疏本に、婦の上に、他字有よろし」〈纂疏〉
・遺女弟玉依姫558　「こゝは、来養の上に還字もしくは復字などあらまほし」

・豊玉姫侍者　558　「此上に、海神之女といふこと有べし」

・遵神教　558　「こゝも神の上に、海字有べし」

・至腋則　558　「口決本に、腋の下に、時字あるよろし」〈口訣〉

【改書】（本来あるべき文字、文章の改変）

・開闢之初　519　「ひらくはいふべきにあらず」〈古伝〉

・天地之中生一物　519　「漢文の文面をむねとせられたづほどに……意のたがへること多き」〈古事記・一書〉

・一書曰、　521　「本書とひとしく大字に書るは、後の人のしわざ」〈類聚・口訣・釈・集解・百樹〉

・伊弉諾尊伊弉冉尊　523　「諸字冉字などは、殊に物どほき書ざま也」〈古事記〉

・一書曰、此二神云々……　524　「此二つの説は、いと〳〵異しき説にて、古伝ともおぼえず、好事事のしわざ」

・凡八神矣云々、　524　「こはもと上文のつゞきなること……今の本はひがことなり」

・一書曰、男女云々　525　「……をいかゞとおぼして、かく次第を改め給へるなれども……穏ひならず」〈纂疏〉

・雌元雄元　526　「撰者の改められたる文か、はた古言のまゝか」〈古事記〉

・意所不快云々　527　「此十一字は、或本に細書にしたるよろし」

・世人或云々 527　「これも一本に細書なるよろし」
・隠岐洲 527　「一書にも、隠と作る本もあるは、みな後に改めたる也」〈一書〉
・亦曰、水沫云々 527　「此八字、一本に細書なるよろし」
・瑞此云弥図 527　「瑞字を書かれたるは、あたらぬこと也」〈師〉
・妍哉此云云々 528　「すべて同古言を、かくいろいろに文をかへられたるは、此紀のつね也」〈一書〉
・次生海云々 529　「たゞ海川山と書れたるは、撰者の意」〈古事記・一書〉
・木祖また草祖 529　「これ又神といはずして、祖とはいかなるよしぞや」
・何不生天下之主者歟 529　「撰者の新意をもて、かくは記し給へるにもやあらむ」〈古事記・一書〉
・一書云、天照大日霊尊 530　「一書といへること、前後相違也」〈一書〉
・一書曰云々、級長戸辺命…… 531　「こは一云を、後に亦曰とは誤れるなるべし」〈師・古事記〉
・是為天安河原所在五百箇磐石也 532　「はた例の撰者の、文を改むとて、誤り給へるか」〈古事記・一書〉
・亦日甕速日命云々、 533　「こは異説なれば、一云とこそ有べけれ、亦曰はいかゞ」
・千頭また千五百頭 534　「千五百頭と書かれたるはいかゞ」「漢文を修はれたれども……」〈古事記〉
・一書曰云々、麁此云…… 534　「たゞ字面をとゝのふることをのみ、むねとして……」
・一書曰云々、宜爾月夜見尊 536　「……とあるべきを、月夜見尊といふことの在どころいかゞ」
・登天報命 537　「撰者の心もて、此段にうつされたるなるべし」〈古事記〉

・復見天照大神当云々 540
・手持云々、顕神明憑談 540
・以作日矛、又云々 542

・恩親之意、不慍不恨云々 542

・以神逐之理 543
・毎年為云々 543
・大己貴命此云云々 544

・吉備神部 545
・一書曰云々、五十猛命 545
・一書曰云々、夫須 545
・此神之子即 546
・哭悲歌 547
・造八重云々 548
・天孫 548

「此文いかゞ…とこそ有べけれ」
「例の撰者の、文を改められたるにて……」〈古記〉
「撰者の例の漢文の改めにて、かく聞えぬようにはなれるにこそ」〈横井千秋〉
「此紀の、文を改められたることの、甚だしきことをさとるべし」〈古事記〉
「かくまでしひて漢めかされたるは、あまりなること也」
「一書によりて、改めたるものか」〈一書〉
「或本に本書に記したるは、後人の私に所を改めたるなるべし」〈和名妙、古事記伝〉
「然れば吉備とは、後人の改めたるなるべし」〈類聚・釈・纂疏〉
「一本にこれをも神と作るは、上にならひて改めたるなるべし」
「此三字いかなる事ぞや」
「之字を、無と作る本は誤也」〈師・一書〉
「漢意にあらざるをもて、改めてかくは書なされたる也」「すべて漢文の潤色」〈古記〉
「これを除きて、文を修りかへられたる」〈古事記〉
「こは天神之御子と申す古言を、漢文になしたるなり」

- 立於云々、此云羽企爾磨利云々549　「他の古書に用ひず、目なれぬ遠き字を、多く用ひられ」〈古事記〉
- 火闌降命549　「闌降と書れたるは、いみしきひがこと也」〈一書・古事記伝〉
- 一書曰云々、然慮有云々550　「慮字いかゞ。こは彼地の二字に易まほし」
- 光儀花艶550　「花字、一本に華とあるよろし」
- 上祖550　「言をかへて、いろ〳〵書れたるは、みな例の漢文なり」〈古記・古事記〉
- 猿田彦大神550　「大神とあるは、いかなるよしにか」
- 即以千尋云々552　「漢文に改められたるにて、あやしき語となりたり」〈出雲国風土記〉
- 起樹天津神籬及天津磐境553　「まことに磐境は、起樹といふべきにあらざれば、此文いかゞ」〈師〉
- 一書曰云々、聞喜而554　「漢文にはうつしがたきことを、しひてそのふりに書むとせられたる」
- 天忍骨命555　「命字、例にたがへり、尊なるべし」
- 故因以名兒曰云々556　「すべて本書は、多く撰者の意もて、物せられたるから、かうやうの誤のある也」
- 一云云々、倚杜樹556　「例の撰者の改めて、倚とせられたることしるし」「撰者の作文」〈古事記・一書〉
- 企玡我558　「纂疏本に、彌と作るは、さかしらに改められたるなるべし」〈纂疏〉
- 一書曰云々、山幸利云々……558　「こは海と山とを相誤れること、人もいへるがごとし」
- 一書は、もとみな細注なり559　「卜部家の本よりおこれる也」〈吉田兼倶　長谷部菅緒〉

【誤写】（意図的ではない①衍文、②脱文、③改書）

・一書曰云々、浮雪523　「雪字は写誤也。雲とあるを用ふべし」

・伊弉諾尊伊弉冉尊523　「ふるくより写し誤り来つる也」〈古事記、史記〉

・循527　「脩字を写誤れる也」〈類聚〉

・自当早送530　「自字は、固の誤か」〈師〉

・倉稲魂命532　「介はみな、个を誤れるもの也」

・今吾恥辱533　「今字は、令と作る本よろし」

・背揮此云云々533　「注の倶字、或本に……ともあるは、みなわろし」

・不負於族、此云宇我邏磨……535　「すべて紀中、假文を写誤れる多し、心得おくべし」

・悲及思哀者536　「及字は、写し誤れるものか」

・竟遂降焉541　「遂字は誤也。逐とある本よろし」

・冒以542　「冒、纂疏本に亘とあるよろし」〈纂疏〉

・野薦543　「師云、薦字は焉の誤也」〈師〉

・此云波羅賦543　「波字は、夜を誤れるなり」

・已凝戸辺543　「已字は、石の誤也」

・抓津姫命545　「抓字は、枛字を誤れる也」〈纂疏〉

・遠自起哀548　「起字は誤也。赴とある本よろし」

・一書曰云々、天梔弓554　「梔字、桅と書る本は誤也」

・妾所娠554　「娠いかゞ。口決本には、妊と有も同じ。」〈纂疏・口訣〉
・秀起此云云々555　「此訓注の豆字は、弖を誤れる也」
・透蛇556　「透字は、逶の誤也」
・一書曰云々、但赤女557　「本書亦上の一書にならひて、赤女とは写誤れるなるべし」〈本書・一書〉
・一書曰云々、其幸不惑557　「或字は、忒の誤なるべしと、或人のいへるがごとし」
・鉤鉤557　「上の鉤字は、釣の誤也」
・痴騃鉤557　「騃字は、駃の誤也」
・須々能美貳557　「貳は、纂疏本に、膩と作るよろし」〈纂疏〉
・将作以奉致557　「作字は、送を誤れるなるべし」
・企珥我558　「珥字は、弭を誤れる也」
・酌取之558　「之字は、水を誤れるか」
・入海鉤時558　「鉤字は、釣の誤也」

【誤釈】（後世の人による誤った本文解釈）

・神世七代525　「これを後世に、天神七代と申すは、いみしきひがこと也」〈口訣・姓氏録〉
・憙哉遇云々526　「後世古言をしらで…えもいはぬひが訓を附けて……」
・次生海云々529　「返てこれを意味ふかきやうにいへるは、笑ふべし」〈古事記・一書・古

・是時天地530
・熯火也533
・一書日云々、乃到殯斂之處535
・大地云々536
・一書日云々、囓断剣末539
・故会八十万神云々541
・以作日矛、又云々（下）542
・一書日云々、邑并田543
・立化奇稲田姫為云々543
・是談也云々546
・此神之子即云々546
・初大己貴神之云々546
・天津彦彦火瓊々杵尊547
・持天津神籬553

伝〉
「此八字の文を、或説に、後人のしわざ也といへるは、中々にわろし」
「此注ひがこと也」〈一書〉
「此伝は、たゞ殯斂の所に至るに坐るにて、黄泉国にはあらず」
「或説に、大字は天を誤れるにて……さもありげに聞ゆれども、わろし」
「師云……一わたりはさることなれども、これは省きたるにはあらず」〈師〉
「師は…といはれたれど、然らず」〈師・本書・一書〉
「口訣に、奉造之神の神字を、訓美佳多といへるは、しひ説なり」〈口訣〉
「此名義聞えがたし。説どもあれど、皆しひごと也」
「昔より、訓をも意をも誤れり」
「師は…後人の加へたる也といはれしかども、かならず然りともいひがたし」〈師〉
「師の…脱たる事あるべしといはれたれど、これも然らず」〈師〉
「師は、これより又別に一書なるべし、といはれたれども、然らず」〈師〉
「或説に…といへるは、いみしきひがこと也」〈古事記〉
「師は…といはれたるは、わろし」「昔より物知人たち、よく解得たるはなし」〈師〉

・諸部神等云々553　「師云…といはれたれど、……妨なし」〈師〉

【違伝】（「古へのつたへごと」への批判）

・便化為神519　「まがひていさゝか違へる伝なるべし」〈古事記・一書〉

・一書曰云々、有物若葦牙……523　「古伝説といへども……すこしづゝは、誤りたることも有し也」〈評閲〉

・云々、大戸之道尊、523　「此細注六字、こゝにあるは誤なり」

・大八洲国527　「本書一書ども、おのおのみな異あり」〈古事記・本書・一書〉

・天上浮橋528　「上字いかゞ」

・同宮共住528　「こゝにあるはいかゞ」

・一書曰云々、以淡路洲淡洲為胞529　「まぎれたるにもや」〈本書・一書〉

・大日孁貴529　「此御名は、師も疑はれたるごとく、まことにうたがはし」

・一書曰云々、白銅鏡531　「ますみの鏡ならむには、いたくものどほき書ざま也」

・顧眄之間531　「こは何を見給ふまさかりぞ、心得がたし」

・山祇532　「祇字を書れたるは、いかなる意にか」

・雖然吾当寝息533　「此文聞えがたきを……文面なほ聞えがたし」〈古事記・稲葉通邦〉

・因曰自此莫過534　「上よりのつゞきよしなければ、かにかくにまぎれたることぞ有けむ」〈師〉

・一書曰云々、天八十河中云々534　「その血の、天なる河中の石に激越むことは、少しいかゞ」〈古事記〉

・一書曰云々、追至伊弉冉……535	「然らざれば…などいふこと、ゆくりなし」
・汝已見我情535	「この見汝情は、心得ず」
・有言矣曰云々536	「たゞかくのみにては、誰言ともわかりがたし」
・還向於橘云々536	「還といふことよしなし」
・大綾津日神536	「次第いかゞ」
・一日一夜536	「いかゞ。日神と月神とは、常にも、一つところには住給はざる物をや」〈三大考〉
・化為牛馬537	「為字いかゞ」「為にては、意もたがへり」
・是素戔嗚尊物也538	「次の文に爾児とあれば、……素戔嗚尊のとはいかゞ」
・一書曰、日神本知云々538	「もしこれらの説のごとくならば、天照大御神の御末にはあらず。」〈一書〉
・奉助天孫539	「此時天孫いまだ生まさず、此勅いかゞ」〈師〉
・著於左臂中539	「中といへることいかゞ」
・取其六男云々、使治天原539	「此六神みな高天原をしろしめすにや、いかゞ」
・葦原中国云々541	「こゝには天原をいはざるはいかゞ」〈古事記〉
・出雲之清地544	「こゝには又出雲といふべきにあらず」
・生児大己貴命544	「こゝにかくのごとく記されたるは、……まぎれたるものなり」〈古事記・一書・古伝〉

・両脇有山545	「聞えぬ事也」
・一書曰、大国主神……545	「大物主を、うちまかせて大国主神の亦名とせられたるはいかゞ」
・且当飲食546	「且当の字いかゞ」
・此即少彦名命是也546	「此と是と重なりていかゞ」
・経津主神548	「此紀に二神とせられたるは、もと伝へのまぎれたるものなり」〈古事記伝〉
・抜十握剣云々、踞其鋒端548	「上に二神といひながら、此しわざは、一神の為のごとく聞ゆるはいかに」
・避熱而居549	「此言、生坐る御子たちの御名どもにかなはず、いかゞ」〈一書〉
・火明命549	「混ひたるひがこと也」〈古事記・一書〉
・是尾張連等始祖也549	「御名のまがひたるからまがひたるひがこと也」
・先是天稚彦云々、是其縁也550	「本書と全く同じ、略きて、云々としてよろし」〈本書・一書〉
・阿磨佐箇屡云々550	「傳のまぎれなり」〈古事記伝〉
・為姓氏云々、猿女君之号云々、551	「たちまちたがへるはいかゞ」「心得ぬ文なり」〈古事記伝〉
・其造宮之制者552	「此六字は、今当供造の下に有べき文なり」
・将田供佃552	「これもあやしき文なり」
・岐神552	「こはもと夷鳥神の名のまぎれたる傳なるべし」〈古事記〉
・心之疑矣554	「あやしき文也」

・火折尊云々、彦火々出見尊554　「二柱とせるは、まぎれたる伝なるべし」

・熛火554　「此紀は、事のまぎれ誤りたる傳也」〈出雲国造神賀詞〉

・留其女弟玉依姫556　「上に、此姫を将て来坐る事なくて、こゝにかくあるは、よしなし」

・弟時云々557　「此二十二字、纂疏本には、行之の下、其後の上にあり、よろし」〈纂疏〉

・吾生兒云々558　「民也まで廿字は、こゝにはいまだいふまじき言」

・当産時558　「これより上に妊娠の事をいはずして、かくいへることいかゞ」

・初豊玉姫559　「此文いかゞ」「つゞきたる所なれば、初といふべきにあらず」

【漢文】

・画滄海528　「漢文にしては、こゝにあたらず」〈古事記〉

・妹自左528　「古言なれど、漢文にはいかゞ」〈古事記〉

・及其與妹相闘536　「妹といふことも、漢文にてはいかゞ」

・有白事536　「事字漢文にいかゞ」

・鰭広鰭狭536　「古言の方はさらにもいはず、漢文の方にても、聞えぬこと也」

・一書曰云々、於奇御戸為起而544　「全く古言のまゝにて、漢文にあらず」「漢文にあらず、古言のまゝ也」

・凶目杵550　「漢文にとりて、杵字いかゞ」

・欲易幸555　「漢文にとりては、聞えぬところあり」

・如有不辱我556　「有不は、不有とこそあるべけれ」

・可怜御路557　「漢文にとりて御字いかゞ。なくてもよけむ」

【註釈】

・亦曰522　書紀の「亦曰」等と「一曰」等の違いの説明

・一書曰云々、可美葦牙彦舅尊522　「此神を挙られたるはいかにといふに、……」〈古事記・一書〉

・畝丘樹下532　「畝丘の内の樹下といふ地也」〈古事記・一書〉

・八十万神540　「いづこにもかく八十万神とのみ書れたるは、故有べし」

・倭文神548　「倭文は、古伝書のまゝに書れたる借字にて、後取なり」〈古記〉

・其鼻長云々550　「古伝のまゝと聞ゆれば、その量を、こまかにはかりて見るべきにはあらず」〈古記〉

・神事552　「下に幽事とあると一つ事也。ともにかむことと訓べし」

・大物主神552　「此御名は、大己貴命の御魂を、倭の大三輪に祭れる御名なるを……」

・配汝為妻552　「これも現御身の御妻にはあらず」

・即以紀伊国忌部云々553　「これより皆大三輪神を祭る式なり」

・且天児屋命云々553　「これも此職は、すべての神事に奉仕る職なれども、こゝに挙たるは……」

・亦同侍殿内云々553　「……斎鏡を防護奉れと詔ふ也」

・盛一箕555　「古語に一箕に盛といふは、箕に満ることとなる」

な行

は行

ま行

や行

ら行

わ行

索引　※主要人名のみ

あ行

か行

さ行

た行

著者略歴

水野《みずの》　雄司《ゆうじ》

昭和51年生まれ。

東京学芸大学教育学部国際文化教育課程卒業。東北大学大学院文学研究科（日本思想史）博士課程単位取得修了。文学博士。

現在、武蔵野大学教養教育リサーチセンター客員研究員。東京学芸大学・宇都宮大学・栃木医療センター附属看護学校非常勤講師。

本居宣長の思想構造
その変質の諸相
The thought structure of Motoori Norinaga:
Various aspects of the alteration

2015年3月5日　初版第1刷発行

著　者／水　野　雄　司
発行者／久　道　　　茂
発行所／東北大学出版会
〒980-8577 仙台市青葉区片平 2-1-1
TEL：022-214-2777
FAX：022-214-2778
http://www.tups.jp　E-mail：info@tups.jp
印　刷／東北大学生活協同組合
〒980-8577 仙台市青葉区片平 2-1-1
TEL：022-262-8022

ISBN 978-4-86163-252-5　C3010
定価はカバーに表示してあります．
乱丁，落丁はおとりかえします．